COMMENT SURVIVRE DANS LA NATURE
AVEC
KOH-LANTA

DU MÊME AUTEUR

L'Aventure pour l'aventure,
Carrère-Lafon, 1986

Survivre. Comment vaincre en milieu hostile,
Albin Michel, 1988

Naufragés. Comment survivre en mer,
Filipacchi Édition n°1, 1989

Le Guide de l'homme d'action,
Albin Michel, 1990

Les Dents de la mort,
Robert Laffont, 1991

Les Énergies du stress,
Robert Laffont, 1994

La Montagne et vous,
Albin Michel, 1999

Conception et réalisation graphique : Luc Doligez

22, rue Huyghens, 75014 Paris
ISBN : 2-226-13779-3
www.albin-michel.fr

COMMENT SURVIVRE DANS LA NATURE

AVEC

KOH-LANTA

D'après l'ouvrage de
Xavier Maniguet

Conseils et astuces pour réussir ses aventures

TF1 LICENCES

ALBIN MICHEL

AVERTISSEMENT

Dans ce livre destiné au sac à dos, les sujets ne sont pas développés sous forme exhaustive, et le lecteur devra pour de plus amples informations consulter l'ouvrage de référence *Survivre, comment vaincre en milieu hostile* de Xavier Maniguet aux éditions Albin Michel.

SOMMAIRE

INTRODUCTION

Ce guide se propose de donner les clés pour réussir une expédition comportant des dangers potentiels et nécessitant des aptitudes à la survie. La survie correspond aux conditions de vie d'un sujet qui, placé dans un environnement agressif, prolonge pour un temps limité les délais qui le séparent de la mort. Courir le monde de toutes les façons possibles, ce n'est pas seulement la découverte des autres, mais c'est d'abord l'exploration de soi-même, l'excitation de se voir agir et réagir. Mais il faut avant tout s'armer pour réussir : armer son corps et sa tête.

La survie dépend d'une contrainte temporelle et d'une contrainte géographique :
– Elle n'est possible que pour un temps limité, qui devra être suffisant pour tenir jusqu'à l'arrivée des secours ou pour rallier un poste sûr. C'est dire qu'il faudra savoir gérer ce temps sur le plan des besoins hydriques, diététiques, thermiques, mentaux...
– Elle dépend du milieu dans lequel on doit évoluer. Il faudra connaître un minimum de recettes pour gérer aussi ce milieu, s'adapter à ses conditions météo, échapper aux animaux agressifs, piéger les autres, surmonter les difficultés de progression dues à la topographie, la végétation.

La connaissance de ces besoins, de ces pièges, des impasses possibles, des nécessités absolues, des gestes à ne jamais faire, des autres à ne pas manquer, les limites du possible et de l'impossible, les trucs à essayer, les recettes à suivre sont abordés au fil des chapitres. Il y a des règles et des lois de survie : on ne peut espérer se tirer de cas extrêmes et de situations limites qu'à force de rigueur, de courage physique et mental et aussi avec le renfort d'un minimum de connaissances théoriques et pratiques. Au fil des chapitres se feront claires les vertus cardinales pour une meilleure aptitude à la survie en circonstances hostiles, et par extension pour une vie citadine plus facile :

– L'adaptabilité
– La polyvalence
– L'agressivité

Volontaires ou pas, nous sommes tous des survivants potentiels.

Première partie

LA PRÉPARATION

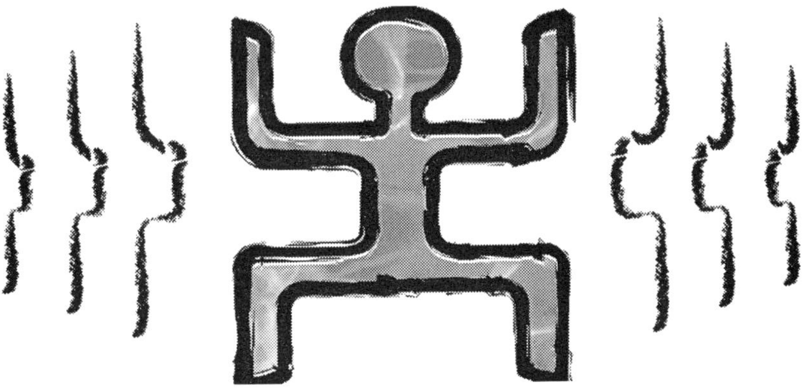

L'ENTRAÎNEMENT PHYSIQUE

La grande majorité des situations auxquelles un individu peut être confronté requiert à un moment ou un autre un effort physique plus ou moins prolongé. C'est dire la nécessité de se maintenir toujours au mieux de sa forme. **L'entraînement, c'est le sport ; le sport crée du muscle et du cœur, mais il provoque aussi une gymnastique vasculaire très bénéfique dans l'adaptation au chaud ou au froid.**
Nous définirons ce qu'il est raisonnable de considérer comme de vrais sports, par rapport à toutes les pratiques dites sportives et qui ne sont en fait que des activités nécessitant une condition sportive sans être elles-mêmes des sports dignes de ce nom.

L'effort physique

La survie dépend surtout de l'efficacité des muscles à fibres dits à contraction lente, ceux de l'effort de longue durée, mais aussi parfois des muscles à fibres dits à contraction rapide, ceux de l'effort d'intensité maximale de courte durée. Chaque muscle contient les deux catégories de fibres mais en proportion plus ou moins grande selon sa fonction physiologique habituelle. L'entraînement peut privilégier l'une des deux catégories.
La survie fait surtout appel à des capacités

d'endurance ; on survivra mieux si on a su s'astreindre à la pratique régulière d'un sport de fond : natation, bicyclette, jogging, etc. Le jogging présente l'avantage d'être praticable partout et en tout temps, sans autre équipement particulier qu'une paire de chaussures adaptées. Les bienfaits de l'entraînement à l'endurance sont multiples :

– Amélioration rapide des performances physiques, facilement et objectivement mesurables par le chronomètre.

– Ralentissement important du rythme cardiaque, passant couramment de 70 à 50 pulsations par minute après quelques mois d'entraînement normal : 3 ou 4 séances de jogging par semaine à raison de 8 à 10 km à chaque fois.

– Augmentation du « self-control ».

– Diminution de la fatigabilité et du temps de sommeil nécessaire.

Il n'est jamais trop tard pour commencer un entraînement physique dès lors qu'il n'y a pas d'anomalie cardiaque. **L'effort doit être soutenu de façon régulière : au moins 90 minutes de jogging, par exemple, chaque semaine (en 1, 2 ou 3 fois), ce qui permettra de conserver l'acquis.** Trois mois de suspension totale d'entraînement, et cet acquis sera totalement perdu et donc à refaire.

Sports et faux sports

Une activité est sportive dès lors qu'elle fabrique du muscle, à commencer

par du muscle cardiaque. Le cœur est en effet le seul muscle dont dépende la vie de l'organisme tout entier, mais aussi le fonctionnement optimum de tous les autres muscles. C'est à ce dernier titre que certaines activités mériteront ou non d'être qualifiées de sportives.

Ne sont pas considérés comme sports :
– **Les activités d'adresse** comme le golf, le ball-trap ou le tir à l'arc... qui nécessitent malgré tout une condition sportive – relaxation, bonne respiration, groupe musculaire harmonieux. Ces qualités devront être acquises par la pratique d'une autre activité à base d'endurance musculaire.
– Les activités comme **la chasse ou la pêche** qui ne sont bénéfiques que par la relaxation qu'elles peuvent apporter.
– **Les activités dites à risque** comme la plongée sous-marine, le parachutisme, le pilotage automobile qui ne nécessitent pas de réel effort physique fabricant du muscle.
– Les activités considérées comme des **sports « incomplets »** comme l'haltérophilie ou le squash qui est dangereux dans la mesure où il est presque toujours démarré sans échauffement et poursuivi sur un mode très intense, en résistance, chez un sujet souvent non sportif.

Pour conclure, les candidats aux expéditions dangereuses devront acquérir une bonne condition physique au travers d'un entraînement à l'endurance exerçant un maximum de muscles : aviron, natation, cyclisme, jogging, etc. L'idéal est bien sûr d'y ajouter un sport de résistance ou un sport mixte : boxe, tennis, escalade.

Sommeil et survie

Le sommeil est indispensable à la survie et d'autant plus que la dépense physique a été plus intense. Mais beaucoup de situations extrêmes gênent ou interdisent sa survenue : inconfort, douleur, angoisse, nécessité d'une veille.

Pour tous ceux qui en survie ne pourront pas dormir normalement, voici quelques astuces :
– La façon de dormir la plus rentable consiste à fragmenter le temps de sommeil : il vaut mieux dormir 3 fois 20 minutes plutôt qu'une heure.
– La durée minimale pour un sommeil réparateur est de 10 minutes seulement.
– Le temps de sommeil peut être réduit de 2 heures par 24 heures sous réserve que sa réduction soit compensée par sa fragmentation.
– La relation sommeil/effort physique est multiple : un sommeil quotidien minimum est bien sûr nécessaire à un effort physique soutenu ou à une activité d'adresse.

Réciproquement, l'effort physique sportif agit sur le sommeil de deux façons :
– En supprimant la somnolence résiduelle à l'issue d'un sommeil suffisant (courez au petit jour avant la douche et vous verrez la différence).
– En réduisant considérablement le temps de sommeil suffisant pour récupérer.

LA PRÉPARATION PSYCHOLOGIQUE

Il serait inconcevable dans une étude sur la survie en situations extrêmes de ne pas développer ce qui est le dénominateur commun de toutes les survies réussies ou manquées : le stress. Situation extrême ne signifie pas obligatoirement détresse, d'autant moins que l'on sera entraîné au stress de deux façons :
– Spécifique : en fonction du biotope dans lequel on se rend (désertique, marin, etc.).
– Indifférenciée : sport, hygiène de vie, etc.

Notons d'abord qu'alcoolisme et tabagisme sont incompatibles avec des expéditions risquées. Les médications type tranquillisants sont également à éviter. Il faut bien sûr éviter de partir si l'on est diminué par une maladie au long cours.

Le sport

Le sport est à la fois stress et entraînement au stress. Toute activité physique engendre une véritable gymnastique musculaire mais aussi vasculaire, neurologique, hormonale et biochimique. L'intérêt du sport est d'être un stress volontaire dosable et contrôlable.
On choisira des sports d'endurance. Les sports de combat sont les meilleurs pour l'entretien d'une agressivité contrôlée, à condition de ne

pas être exclusifs mais complémentaires d'un sport d'endurance (jogging, natation...).

L'autodiscipline psychique

L'antistress est surtout une affaire de discipline. Il faut apprendre à vaincre ses répulsions, ses peurs, ses angoisses, ses habitudes. Cela nécessite une préparation psychologique visant à relativiser le risque.
Il faut également entretenir son agressivité. La résistance à l'agression implique d'en faire une affaire personnelle et de décider que l'on en viendra à bout. Sur un plan physique, les sports de combat apprennent à entretenir et maîtriser cette agressivité.
De plus, tout ce qui permet l'abstraction momentanée d'un milieu stressant est bénéfique : l'abri étanche pour la nuit, la musique pour l'apaisement, des repas diversifiés pour l'appétit.

Il existe un grand nombre de « méthodes de relaxation ». Certaines sont simples à acquérir, d'autres impliquent une véritable philosophie de vie. Le yoga entre dans cette dernière catégorie qui ne sera pas développée ici puisqu'elle nécessiterait beaucoup plus de temps que n'en laisse une préparation limitée. Toutes ces méthodes visent à l'obtention d'un contrôle tonico-émotionnel que l'on peut rapprocher de la notion de « self-control ». En situation de survie, les techniques de relaxation les plus intéressantes à connaître sont celles qui sont praticables seul.

Le training autogène dérive des travaux sur l'hypnose et s'appuie sur des prises de conscience de phénomènes physiologiques et rationnels tels que la sensation de pesanteur, de chaleur, de relaxation cardiaque, d'activité respiratoire, de fraîcheur du front, etc.

La relaxation progressive de Jacobson s'en tient à un niveau purement musculaire. **La relaxation devient le degré zéro de l'activité neuro-musculaire et la capacité d'éliminer toute tension non liée au geste à faire.** Cette technique permet de rendre leur capacité de réaction à des sujets jusque-là handicapés par leur hyperémotivité. Une heure par jour pendant quelques mois suffit pour en acquérir la maîtrise. Le sujet apprend à relaxer successivement chaque région de son corps. Le contrôle respiratoire est particulièrement intéressant à acquérir, en prévision de toutes les situations limites où il est indispensable : altitude, effort intense, plongée, stress. Cette méthode est la plus adaptée en situation de survie puisqu'elle ne demande que de la volonté.

Pour conclure, signalons que beaucoup d'autres méthodes de relaxation peuvent être expérimentées avant de partir : méditation, sophrologie, hypnose... À chacun de voir celles qui lui conviennent le mieux.

Les médications

La vitamine C est la vitamine de l'effort, de l'adaptation à de multiples agressions, en un mot la vitamine du stress et de la survie. Elle devra être consommée en plusieurs prises dans la journée et uniquement en période de stress.

La vitamine B1 ou thiamine. L'homme ne sait pas en faire la synthèse et il peut en manquer rapidement. Cette vitamine a une activité tonique aboutissant à de meilleures performances, avec diminution du temps de récupération, atténuation de la fatigue, meilleure résistance au stress.

Tranquillisants et anxiolytiques agissent sur le système nerveux central. Ils ne doivent être utilisés que dans des situations exceptionnelles et bien particulières. Le Valium augmente le seuil de la douleur, favorise le sommeil, décontracte les muscles et peut donc aider à passer un mauvais cap. Le Lexomil (ou Lexotanil à l'étranger) peut aider à surmonter certaines phases de stress trop intenses ou des périodes de découragement.

MATÉRIEL ET TECHNIQUES

Les armes

LES ARMES À FEU

Il est nécessaire, tant pour la défense que pour la chasse, d'emporter une arme à feu dans certaines régions du monde peuplées d'animaux dangereux (fauves, serpents et ours). La législation de nombreux pays en interdit cependant l'importation, même s'il ne s'agit que d'armes de chasse. Dans le Grand Nord canadien, il est possible et recommandé de se procurer sur place l'arme de son choix.

LES LAMES INDISPENSABLES

Le couteau de survie doit être suffisamment long, résistant au cisaillement et à la flexion. Le manche constituant un volume obligatoire, il est préférable que ce volume soit creux et étanche, permettant d'y placer à l'abri certains ustensiles petits et utiles. L'alliage métallique devra être évidemment parfaitement inaltérable, tout en autorisant un affûtage correct (beaucoup de couteaux ne coupent pas !). Le modèle qui nous semble être ce qu'il y a de mieux actuellement sur le marché est le couteau de survie Aitor, avec son étui et de nombreux gadgets incorporés : fronde, boussole de fortune, corde (résistance

300 kg), allume-feu magnésium, pierre à affûter, « skinner » pour dépecer ou confectionner un harpon, etc.

Sans équivalent valable, le célèbre **couteau suisse** s'est constamment amélioré. Survie ou pas, cet ustensile devrait être systématiquement intégré dans toute trousse de voyage. Cette véritable boîte à outils de poche ne sera pas suffisante dans tous les milieux (sa lame est certainement insuffisante pour scier les bambous en pleine jungle), mais il sera partout utile, voire indispensable pour certains bricolages de fortune. Si vous voulez conserver longtemps fonctionnel cet outil polyvalent, évitez de tirer plusieurs fonctions simultanément : c'est le meilleur moyen de casser les lames de ressort.

La signalisation

La survie vient souvent d'autrui, encore faut-il être capable de signaler sa présence.

Le réflecteur solaire ou héliographe est peu encombrant. Il doit impérativement être équipé d'un orifice en son centre, seul moyen de « viser l'objectif ». Il suffit d'orienter le miroir dans la direction du soleil et viser l'objectif à travers l'orifice. On observera sur la face opposée une tache lumineuse se reflétant sur le visage. Il suffira alors de tourner le miroir jusqu'à faire disparaître cette tache par l'orifice, tout en continuant de viser l'objectif. Celui-ci recevra alors directement le rayon lumineux. C'est un signal qui n'est utilisable qu'en présence de soleil, mais d'une manière inépuisable. Il atteint des distances bien plus importantes que tous les autres systèmes visuels classiques.

Il existe de nombreux types de **fumigènes et autres moyens pyrotechniques**. Les cyalumes par exemple sont des bâtons lumineux, de diverses couleurs, ne dégageant pas de fumée, devant être agités à bout de bras et surtout visibles la nuit. Autre modèle très pratique, le stylo lanceur sur lequel on visse la fusée de la couleur de son choix. L'encombrement est minimum, et chaque fusée monte à environ 400 mètres. Aussi sophistiqués que puissent être ces moyens pyrotechniques, on doit garder à l'esprit qu'ils sont difficilement visibles au-delà de quelques kilomètres, sous réserve d'autre part qu'ils croisent le champ de vision de quelqu'un. D'où la nécessité de disposer de plusieurs systèmes et de plusieurs couleurs.

Le sifflet devra être en plastique, sans bille à l'intérieur, et d'encombrement minimum. Les sons aigus sont les seuls à se propager très loin.

La radio est le seul moyen de repérage moderne idéal qui rompt un peu le charme de l'isolement total, mais qui constitue un réconfort psychologique considérable à portée de main. Le modèle le plus fiable est le poste canadien Splisbury SBX 11 A de type Blu. Les piles Saft au lithium permettent une autonomie de deux mois à raison d'une heure d'émission quotidienne.

Plus qu'un moyen de repérage, **la balise de détresse** est en même temps le moyen de faire savoir à la planète entière que l'on est en difficulté. Sur le plan psychologique, le réconfort que peut apporter une telle sécurité est évidemment considérable.

Matériel divers

LE SAC

C'est bien sûr l'élément indispensable à toute expédition. Mieux vaut bien le choisir avant de partir. Nous ne parlerons que des sacs de randonnée type rando-camping ou rando-montagne. Ces sacs existent à partir de 30 litres :
– **De 30 à 60 litres :** ce sont les « petits » sacs de voyage pour être léger lors d'une courte randonnée en montagne par exemple (de 45 à 70 cm de haut, 600 g à 1,6 kg. On en trouve de 15 à 150 €).
– **Plus de 60 litres :** ce sont les sacs typiques de montagne ou de randonnée faits pour accueillir le matériel spécifique (60 à 90 cm de haut, de 1,5 à 3 kg). Il existe dans ces gammes des sacs « escalade » ou sacs « vélo » selon le type d'expédition. . Leur prix varie de 50 à plus de 150 €.
En plus de cette production classique, il existe désormais des sacs dits anatomiques adaptés à tous les types d'anatomie : forme du dos

surtout, mais également sacs qui conviennent plus particulièrement à l'anatomie féminine. Concernant les atouts supplémentaires type poches ou autre, il convient de choisir un modèle adapté au type d'expédition. Par exemple, les sacs de montagne ou d'escalade sont généralement dépourvus de poches ce qui n'est pas très pratique pour les marches dans le désert ou dans la jungle ; en revanche ils sont équipés de porte piolet, corde ou bâton. Attention de ne pas choisir un modèle pourvu de multiples petites poches qui ne seront au final pas pratiques. Deux ou trois poches extérieures supplémentaires sont souvent suffisantes (deux latérales et une dorsale par exemple). Il est également utile d'avoir des passants sur le haut du sac et sur les côtés et surtout des sangles pour pouvoir y glisser un duvet par exemple. Signalons aussi les sacs multi compartiments et toutes les extensions qui permettent d'augmenter la capacité du sac.

Il est conseillé à l'achat d'essayer le sac chargé afin d'être sûr de son choix. Le portage du sac est en effet très important et il existe de nombreux systèmes (sangles, harnais...) pour améliorer la stabilité et la bonne répartition du poids sur le dos et les hanches. Le confort améliore bien évidemment les performances. On peut également se munir de « protège-sac » sanglé à celui-ci pour le protéger de la pluie. On trouve ces protège-sacs dans le commerce pour environ 15 à 25 €. Les « grillages » de protection sont également utiles à l'intérieur des sacs pour éviter les perforations volontaires.

LES VÊTEMENTS

Pour le froid, il est recommandé d'avoir trois couches de vêtements, c'est-à-dire :

– Des sous-vêtements qui permettront au corps de rester à bonne température et au sec. Pas de coton, car il garde la transpiration : il vaut mieux des matières synthétiques type polyester. Les caleçons longs seront également les bienvenus en polaire ou fibre isolante.

– La deuxième couche agit pour apporter la chaleur nécessaire : pull, polaire... Les habits ne doivent pas flotter et bien tenir la taille.

– La troisième couche sert à se protéger du vent, de la pluie et des différentes intempéries. Les textiles modernes ont une bonne imperméabilité (Goretex). Les vêtements doivent être résistants et confortables pour ne pas gêner les mouvements.

Enfin, il faut privilégier les bonnets, les gants et les chaussettes bien chauds pour préserver la tête, les mains et les pieds du froid.

Pour le chaud, il faut d'abord se protéger du soleil : lunettes de soleil, chapeau et parfois foulard ou chèche dans le désert[1]. Les vêtements doivent être amples et légers. Le coton est idéal, mais attention il devient lourd lorsqu'il est mouillé et il freine alors l'évaporation de la sueur.

Les chaussures : les **rangers** avec doublure en Goretex sont ce qu'il y a de mieux pour les

---

1- Voir chapitre sur *Le chaud* et chapitre sur *Le désert*

longues marches en conditions extrêmes. Là encore, il convient de bien choisir ses chaussures en essayant plusieurs modèles et tailles. Il faut examiner les différents critères : maintien du pied, isolation, imperméabilité, temps de séchage. Les chaussures de marche sont de nos jours de plus en plus légères. L'usure des semelles est le problème principal des grands marcheurs : si l'on peut, il vaut toujours mieux prévoir deux paires. Il est enfin nécessaire de prendre soin de ses chaussures avec de l'acide borique en paillettes (vendu en pharmacie) qui désinfecte la chaussure et capte l'humidité due à la sudation.

Pour protéger ses pieds et ses jambes des morsures et autres piqûres désagréables lors de marches en jungle ou dans des régions marécageuses, il convient d'être équipé de **bottes de cuir montantes**. Faute de bottes de cuir, on peut utiliser des **guêtres** en nylon balistique, efficaces contre les serpents et offrant l'avantage de ne pas tenir de place une fois rangées dans un sac.
Pour conclure sur les pieds, ne pas oublier d'emporter les produits de protection et de soins nécessaires contre les ampoules, la transpiration, etc. Tous ces produits existent sous la forme de gels, spray...

LE COUCHAGE

Sac de couchage : mieux vaut bien choisir son sac de couchage avant de partir, surtout en zones froides. La chaleur provient en fait de l'occupant du sac et celui-ci doit maintenir au maximum cette chaleur. Il faut que la différence de volume entre le sac rangé dans sa housse et à l'air libre soit très importante. Cette différence de volume détermine la qualité d'un sac à cause de la couche d'air dans le garnissage. On privilégiera des sacs laissant échapper le minimum de chaleur (privilégier alors la forme « sarcophage » et non « couverture »). Le garnissage naturel en duvet de canard ou d'oie est le plus efficace et le plus confortable. Bien que les garnissages synthétiques soient de plus en plus performants, les sacs n'en restent que généralement plus lourds. Il existe des sacs adaptés à toutes les températures : de + 10 °C à - 5 °C pour les randonnées classiques, entre 50 et 150 € ; pour les conditions extrêmes, de - 5 °C à - 50 °C, entre 110 et 750 €. Mais attention, il n'existe pas de normes générales pour les températures et les tests sont effectués par les fabricants. Il faut donc se méfier et bien se renseigner, de préférence dans les magasins spécialisés. Pour la taille, il vaut mieux compter une longueur d'environ 30 cm de plus que sa taille. On peut également ajouter un isolant pour le couchage sur sol très froid ou humide.

Les tentes : il en existe différentes formes dont :
– Tente **canadienne**, pour une utilisation dans des conditions normales.
– Tente **igloo**, le modèle le plus répandu à l'heure actuelle grâce à sa facilité de montage et à sa grande résistance.
– Tente **« tunnel »**, modèle assez cher mais

idéal pour les conditions climatiques extrêmes. Privilégiez les mâts et les structures en fibre ou en aluminium légers et résistants. Il faut bien connaître les conditions climatiques et environnementales que l'on va rencontrer avant d'acheter sa tente. Pour des conditions classiques, on trouvera facilement des modèles biplace entre 40 € et 90 €. Pour des conditions plus difficiles, il faudra là encore se renseigner dans les magasins spécialisés.

Le hamac peut s'avérer très utile pour dormir dans des lieux infestés d'insectes ou autres animaux rampants... On trouve des premiers prix aux alentours de 15 €. Choisissez-le léger et peu encombrant.

LES PETITS PLUS...

Ne pas oublier les objets indispensables pour toute aventure...

Votre passeport, les assurances nécessaires, votre billet d'avion, le carnet de vaccination, votre permis international plus des copies de tous ces documents....
Deux cartes de crédit et la seule monnaie qui vaille de l'or dans tous les pays, le dollar.
Une trousse de toilette minimum, il en existe dans le commerce en « kit de voyage » pour 15 € : savons, brosse à dents, lingettes sont nécessaires où que l'on aille...
La popote complète de préférence en aluminium. La gourde avec une housse isotherme.
Le réchaud de préférence à essence ou pétrole bien qu'il existe plusieurs types de

combustibles pour les réchauds. Ne pas oublier votre briquet.
La **photo** et la survie n'ont pas grand-chose à voir, mais dans la mesure où on peut emporter un appareil, autant prendre le bon. Actuellement, celui qui fonctionne sous toutes les latitudes est le Fuji Baroudeur.
La **montre** doit être étanche, avec chrono, indiquant le jour et la date, munie d'une pile récente.
La seule **boussole** valable est celle de type militaire, avec coffret de protection, qui une fois ouvert sert de règle pour prendre des relèvements sur une carte, et dont les graduations sont phosphorescentes.
Enfin, pensez aux petits objets utiles tels **lampe de poche, stylos, ficelle, jumelles, thermomètre, baromètres, cartes, dictionnaire bilingue...**

Pour se procurer tout ce matériel :
BHV : rue de Rivoli, 75 004 Paris
Au Vieux Campeur : 48, rue des Écoles, 75005 Paris
Paris sport : 43, boulevard Voltaire, 75011 Paris
Et tous les magasins spécialisés...

Techniques de survie

Il existe des centaines de **nœuds** différents. On peut cependant en dégager quelques-uns (cf. schémas), susceptibles de répondre à tous les besoins d'un homme en situation de survie, aussi bien en mer qu'en montagne, en jungle qu'en safari...

– Le **nœud de chaise** est le nœud de survie par excellence, et **le seul à connaître si l'on doit n'en connaître qu'un**. Plus on serre, plus le nœud est solide, mais sans pour autant devenir difficile à défaire. Pouvant remplacer une multitude d'autres nœuds beaucoup trop compliqués, ses implications sont infinies : se hisser en haut d'un mât ou d'un arbre, récupérer un homme tombé à la mer, hisser les voiles, etc. Il sert aussi de base pour de nombreux autres nœuds.

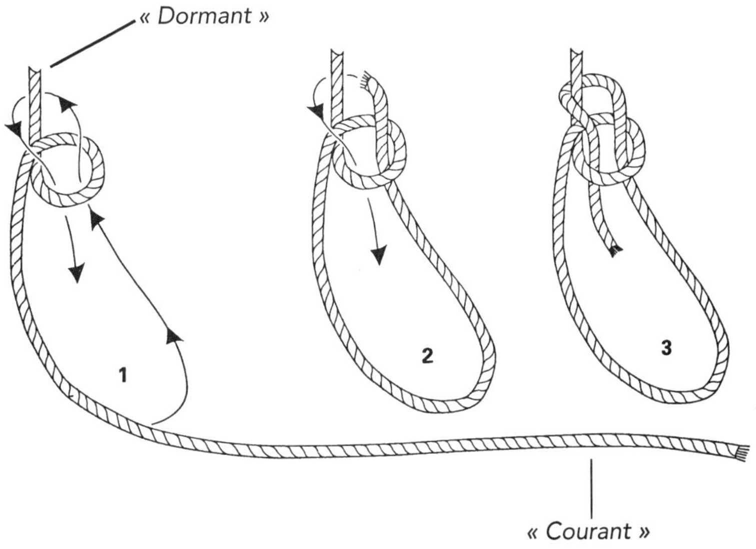

– **Le nœud de chaise coulissant** s'avère très utile pour la **capture du gibier**.

– **Le nœud de laguis** est tout simplement constitué de deux nœuds de chaise. Il remplace avantageusement un nœud plat, plus susceptible de glisser. Il servira pour relier deux bouts de remorquage, prolonger une corde de rappel, etc.

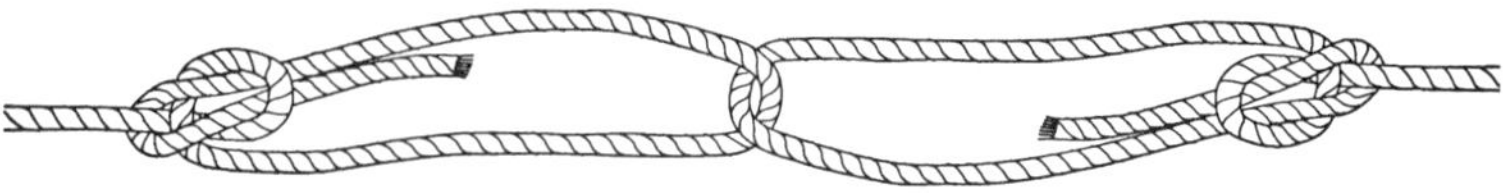

– **Le palan de poldo** peut servir dans toute circonstance où il est nécessaire de **déplacer sur une courte distance de fortes charges** (comme par exemple lorsqu'un véhicule est embourbé).

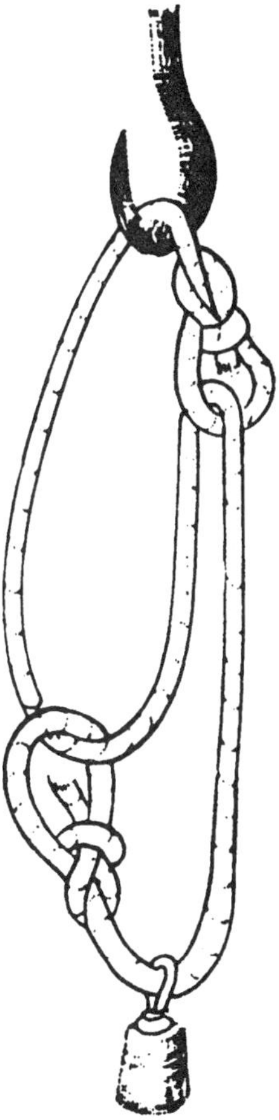

Extension minimum

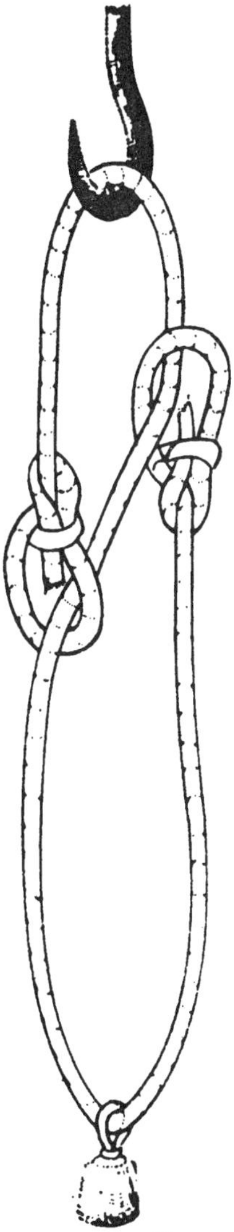

Extension maximum

Il existe des centaines de façons de **capturer petit et gros gibiers**. Du simple collet à lacet ou à nœud coulant jusqu'au piège à épieux, les variations sont innombrables, et ce qui compte une fois encore est la faculté de chacun à « faire avec les moyens du bord » (cf. schémas pour plusieurs exemples de pièges simples à réaliser).

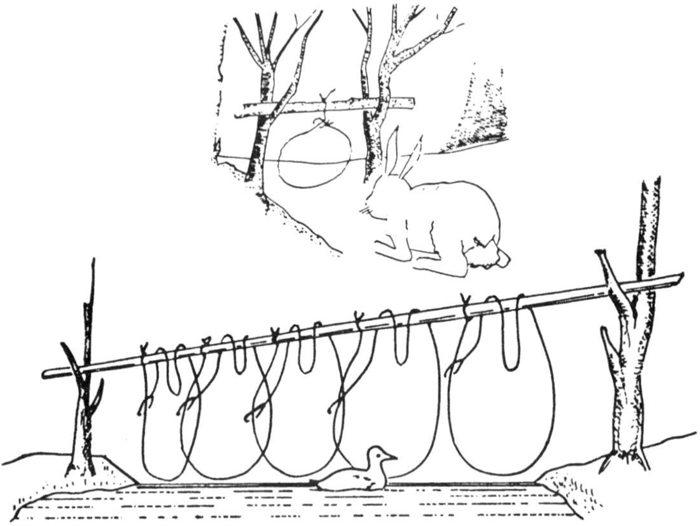

Collets suspendus

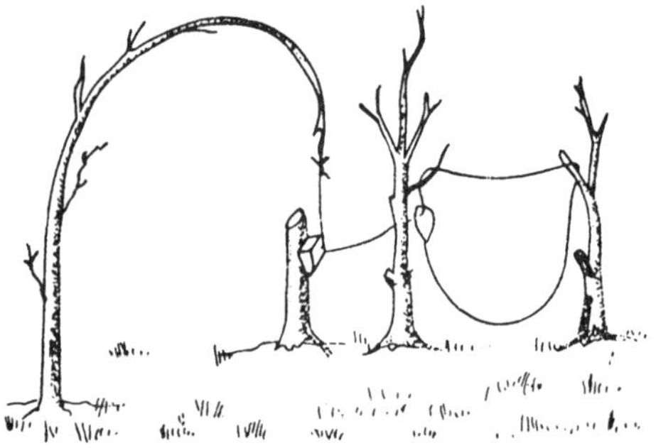

Pièges avec ressort

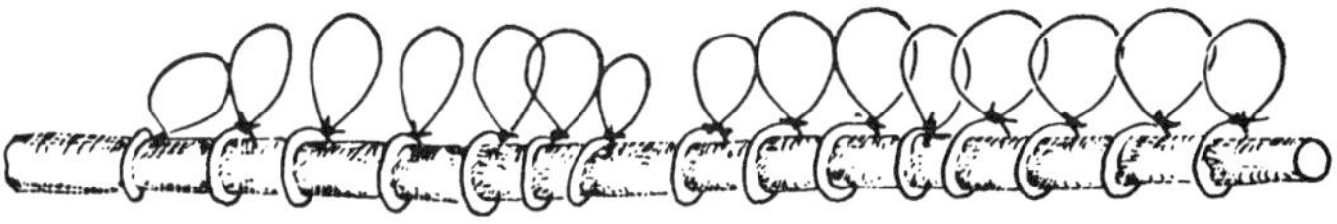

Branche piégée (collets de 1,5 à 3 cm)

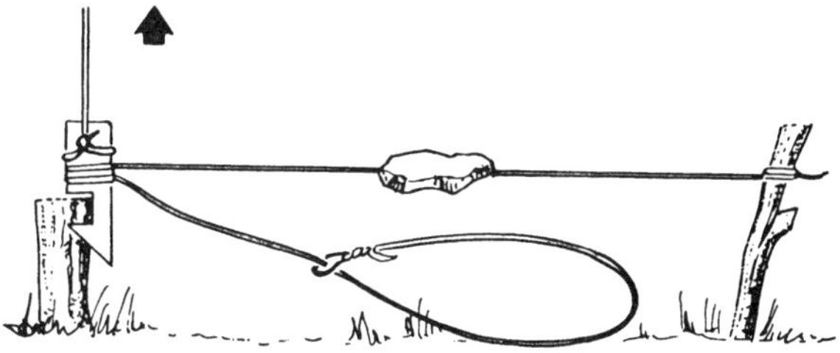

Collet appâté sous tension

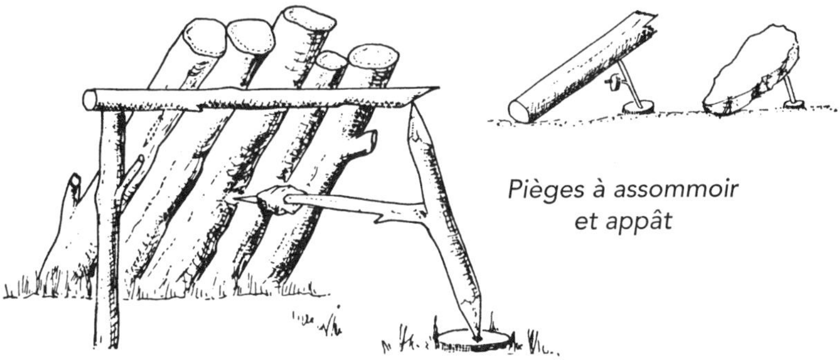

Pièges à assommoir et appât

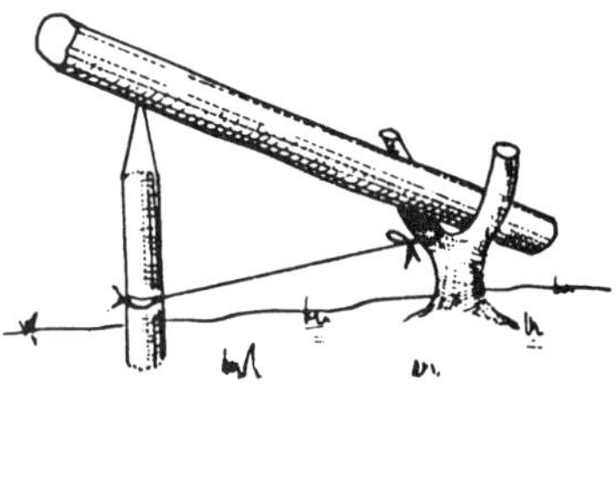

Assommoir sans appât

Pièges assommoir « en forme de 4 » avec appât

Collet et suspension

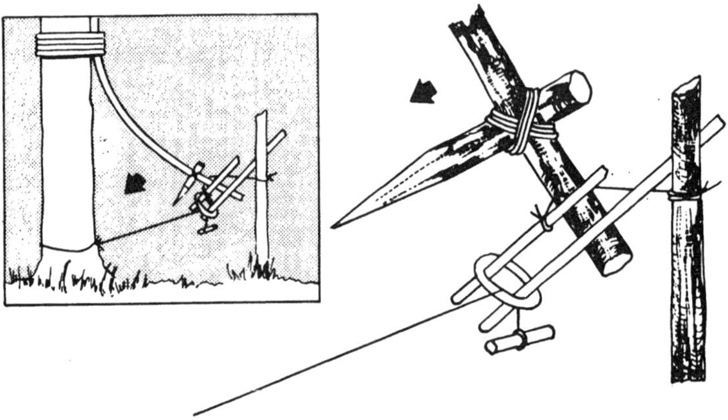

Épieux à palette (destiné à tuer sanglier, cervidé etc.)

Certaines techniques faciles à acquérir restent indispensables à connaître en situation de survie : comment faire du feu, comment construire un abri de fortune, etc. (cf. schémas).

Techniques commando

Abri en zone boisée

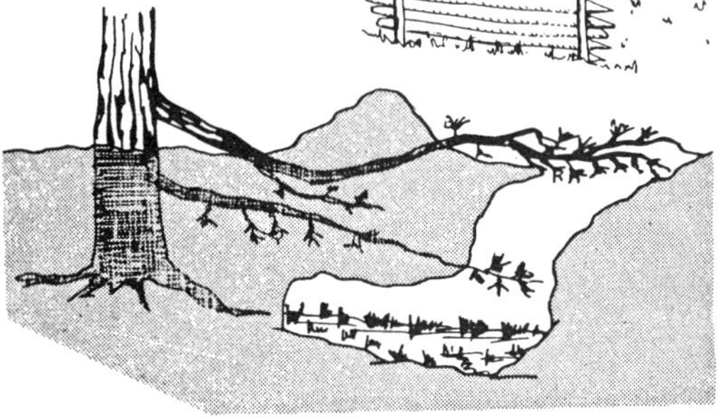

Terrier de neige

L'abri idéal en zone froide

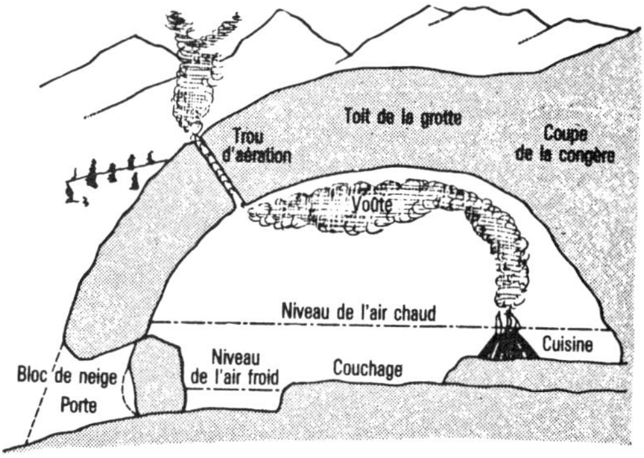

L'art du feu

Par frottement
(corde et copeaux)

Par étincelle
(silex ou métal,
l'idéal étant le
magnésium)

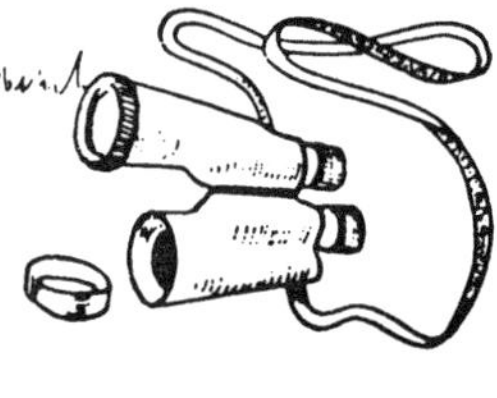

Par concentration de l'énergie solaire
(loupe de fortune ou miroir concave)

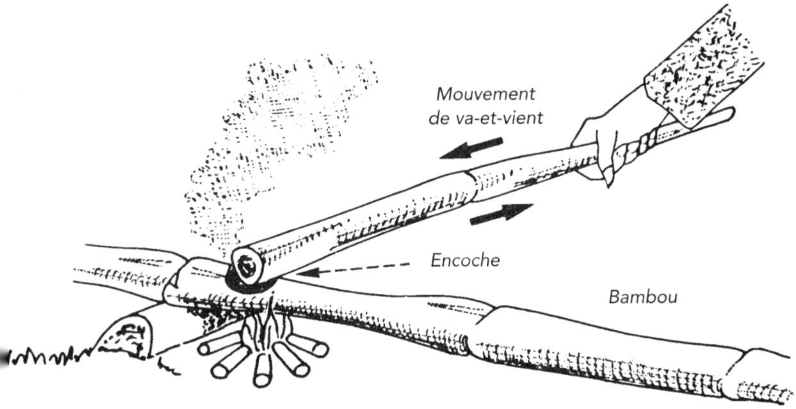

Par frottement bois sur bois

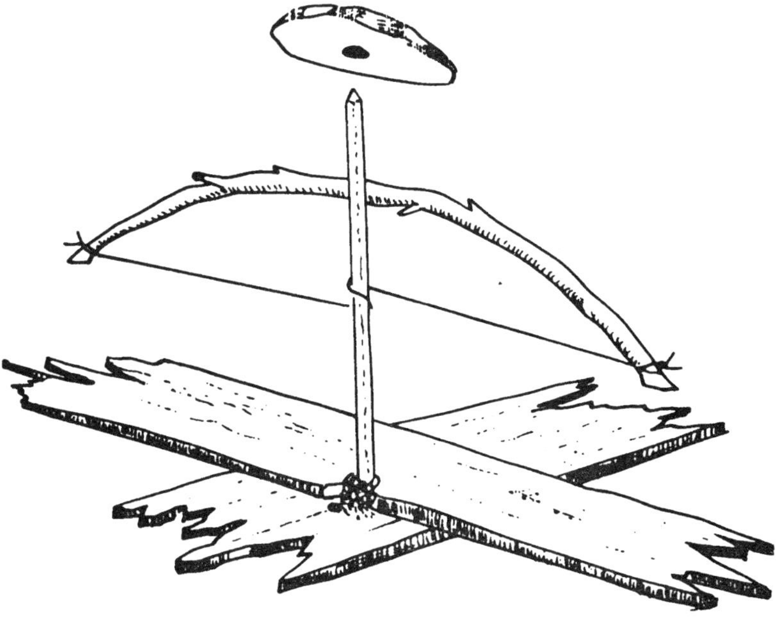

Par frottement-rotation

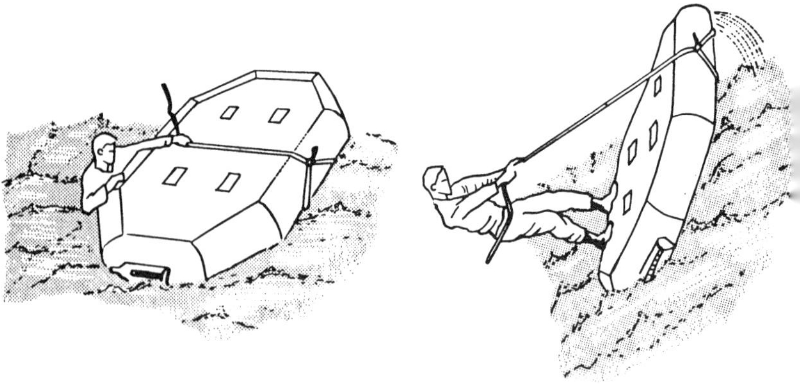

Redresser un dinghy avec l'aide du vent et des vagues

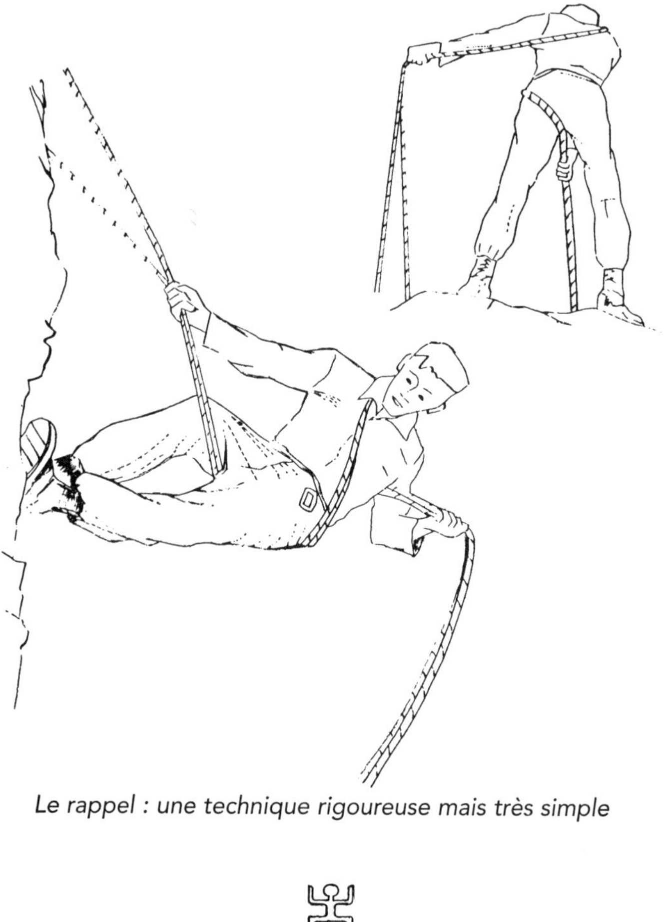

Le rappel : une technique rigoureuse mais très simple

LA SURVIE EN GROUPE

Comportements collectifs et catastrophes

Lors de catastrophes atteignant des populations d'individus habitués à agir et réagir pour leur propre compte, on assiste souvent à la réaction « comotion-inhibition-stupeur », laissant les victimes hébétées et sans initiative. Sous l'emprise de l'émotion, un individu normal peut adopter un comportement de fuite précipitée, d'agitation incoordonnée, d'agression, de sidération. Souvent ces réactions sont éphémères et suivies d'une vaine autocritique. Les peurs collectives sont en général déclenchées par des « germes de panique », c'est-à-dire des individus fragiles dont l'affolement induit chez les autres une altération du jugement, un alignement sur les intelligences les plus primaires. La foule devient alors impulsive, agressive, sans discernement.

Au sein d'un groupe, les réactions sont plus faciles à canaliser sous réserve qu'il y ait des consignes bien apprises, un vrai chef et pas trop de « germes de panique ». Ces derniers devront être détectés lors de la sélection du groupe, ce qui n'est pas toujours facile. Le groupe doit être une entité réagissant aux agressions extérieures comme le ferait un individu. Dans cette perspective, chaque membre de l'équipe doit se sentir concerné par des motivations ou un but communs.

Donc, dans un groupe, **les buts poursuivis et les vecteurs pour y parvenir seront les mêmes.** Les motivations pourront être en revanche très différentes en fonction de la personnalité de chacun, le succès de l'expédition ne dépendant pas de l'uniformité de ses membres, mais de leur unité. Cette capacité à la cohésion du groupe relève d'un état d'esprit qui ne s'improvise pas en quelques mois. On est apte à la survie en groupe ou on ne l'est pas. Rien ne vaudra pour le chef du groupe quelques exercices préliminaires en situation : croisière de quelques jours sur une petite unité, marche forcée...

Le choix d'une équipe et d'un chef

L'équipe : l'idéal dans une expédition à plusieurs est de choisir des partenaires polyvalents. La pluralité de leurs compétences assure une ouverture d'esprit plus propice à la vie de groupe sans négliger le fait que chaque membre sera ainsi utile de plusieurs façons possibles. La polyvalence en expédition est bien plus utile que l'hyper-spécialisation. On recherchera des équipiers à la fois polyvalents et expérimentés, ce qui est incompatible avec des sujets trop jeunes.
Le chef : il sera du ressort du chef de diffuser au sein de son groupe des informations

objectives et dédramatisantes. Il devra savoir déléguer une partie de son autorité dans des domaines bien déterminés à l'avance. L'aptitude à mettre au point un projet intéressant ne va pas forcément de pair avec la capacité à le mener à bien. Beaucoup d'expéditions a priori passionnantes et bien préparées ont capoté parce que l'initiateur n'était pas un homme de terrain. **La cohérence d'une équipe est déterminée par chacun de ses membres, mais c'est le chef qui donne le ton**.

LA PRÉPARATION SCIENTIFIQUE

Notion de météorologie

LES CLIMATS

Quel que soit le milieu où l'on se trouve, les conditions météorologiques sont déterminantes pour la survie. Ce sont les constantes climatiques qui depuis des milliers d'années ont façonné les paysages de la planète, contraignant l'homme à se protéger contre les grands froids, les pluies diluviennes, les vents violents, un soleil implacable. Voici la carte mondiale des climats :

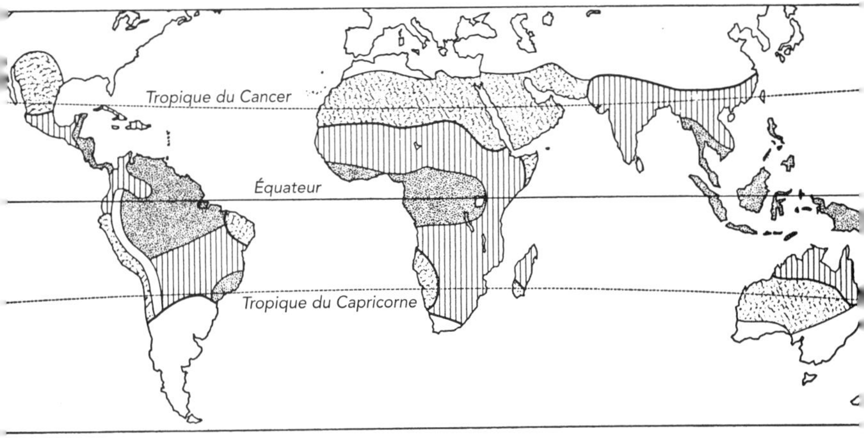

Climat équatorial, absence de saison sèche — Climat tropical, saison sèche de 3 à 8 mois — Climat semi-aride et aride, saison sèche de 9 à 12 mois — Limite des pays tropicaux

L'HUMIDITÉ, LES PERTURBATIONS

L'humidité : l'eau contenue dans l'atmosphère joue le rôle de régulateur en raison notamment de ses capacités d'absorption de l'infrarouge. C'est pourquoi sous un ciel couvert, les variations de température entre le jour et la nuit sont faibles. C'est pour cette raison également que la haute température en jungle est très stable, grâce à l'humidité très élevée. Plus l'air est chaud, plus il peut contenir d'humidité, jusqu'à un maximum où il est saturé. C'est par le jeu des condensations par refroidissement nocturne que s'expliquent les brouillards matinaux. Avec le réchauffement diurne, ces brouillards disparaissent en général dans la matinée en même temps que le plafond des nuages bas s'élève. Si les brouillards et stratus bas n'ont pas disparu deux heures après le zénith, la situation a peu de chances de s'améliorer dans l'après-midi. La connaissance de cette règle sommaire est importante en survie lorsque l'on est bloqué par le brouillard en haute montagne ou sur la banquise.

Les perturbations : le globe est chapeauté par deux masses d'air polaire stable et froid encadrant une masse d'air chaud intertropical instable. Les deux masses d'air sont séparées par le front polaire qui se déplace entre les 40e et 60e parallèles. Au nord du front polaire, l'air froid a une direction générale ouest-est et, au sud, l'air chaud a une direction générale est-ouest. Une perturbation naît à partir d'une ondulation du front polaire. Cette ondulation consiste en une poussée de l'air froid dans l'air chaud selon une direction nord-est sud-ouest. L'air froid se déplaçant plus vite que l'air chaud, le front chaud finit par être rattrapé et l'air chaud est refoulé en altitude, formant une occlusion. **L'occlusion signe le stade terminal de la perturbation.** L'évolution ainsi décrite dure environ une semaine, pendant laquelle la perturbation parcourt 5 000 à 7 000 km. Il y a en général une famille de perturbations qui se forme (3 ou 5), plus ou moins étagées en latitude.

Une telle perturbation s'accompagne de nuages spécifiques, permettant de savoir à quel stade on se trouve de la perturbation :
– À l'avant du front chaud, des cirrus élevés filamenteux annoncent souvent l'arrivée de la perturbation pour le lendemain.
– Les nuages deviennent plus lourds, plus bas, la pluie s'installe.
– Le vent passe du sud-est au sud-ouest alors que le front chaud passe et que la bruine s'installe sous un ciel bas.
– Le vent passe brusquement au nord-ouest au passage du front froid, alors que la pluie reprend.
– Le ciel de traîne succède à la pluie le jour suivant avec des cumulus isolés, et une très bonne visibilité, classique après le passage d'une perturbation.
Ce descriptif un peu caricatural connaît bien sûr des variantes, mais un voyageur tout-terrain ne saurait en ignorer les grandes lignes.

QUELQUES PHÉNOMÈNES LOCAUX

La brise de mer : de jour, la mer est plus froide que la côte. La brise souffle en général de 10 heures à 18 heures. Un naufragé aura donc beaucoup plus de chances d'accoster de jour que de nuit (en l'absence de courants contraires, ou de vents atmosphériques de grandes envergures bien sûr).

La brise de terre : de nuit, la côte se refroidit plus vite que la mer et on aura donc une brise inverse, de la côte vers le large entre 21 heures et 7 heures. On aura donc avantage à quitter une île de nuit plutôt que de jour.

La brise de jour en montagne : sous l'influence du soleil irradiant les pentes enneigées, deux brises prennent naissance :
– **Une brise de pente** soufflant de bas en haut, surtout sur les versants ensoleillés.
– **Une brise d'aval,** mouvement de l'air de l'aval de la vallée vers l'amont.
De nuit le phénomène s'inverse. Ces brises doivent être connues du montagnard occasionnel.

L'influence des reliefs sur les phénomènes météo : tous les phénomènes météo sont exacerbés par les reliefs. L'effet de foehn, bien connu, désigne à l'origine un vent violent et chaud soufflant du sud dans les Alpes suisses et autrichiennes, déclenchant alors de nombreuses avalanches. Ce vent connaît plusieurs équivalents dans le monde entier et son mécanisme mérite donc d'être résumé :

lorsqu'un système nuageux humide franchit une montagne, l'ascension forcée par le relief déclenche un refroidissement, d'où condensation et chute de pluie. Arrivé de l'autre côté, le système nuageux aura perdu une grande partie de son eau et subira en plus un mouvement descendant provoqué par le vent. Il y aura un réchauffement par compression. D'une manière générale, on observe :
– **Sur la face au vent**, un épaississement des masses nuageuses, des précipitations plus fortes et plus durables, une recrudescence des orages ou même leur apparition.
– **Sur la face sous le vent,** un amincissement ou même une disparition des nuages, une accalmie dans les précipitations, voire leur arrêt, une diminution de l'activité des orages.

Les orages : particulièrement dangereux en montagne et en mer équatoriale, leur mécanisme sommaire est important à connaître.
Un orage est synonyme d'éclairs, de tonnerre et de cumulonimbus. Il peut y avoir orage sans grêle (tropiques), mais jamais de grêle sans cumulonimbus. Si on reçoit de nuit de la grêle à bord d'un bateau, on a tout intérêt à prévoir un sérieux coup de tabac et à rentrer la voile.
Les orages sont fréquents dans la zone intertropicale, rares dans les régions polaires (quelques-uns en été) et dans les zones désertiques où ils constituent la seule source de précipitations. Dans les régions tempérées, on les observe surtout en été, et sur les régions continentales.

Les cyclones tropicaux : ce sont des perturbations tourbillonnaires atmosphériques très violentes prenant naissance uniquement sur certaines étendues océaniques tropicales chaudes du globe. On parle de cyclone dès lors que le vent dépasse 65 nœuds. Il peut atteindre 150 nœuds (280 km/h) et s'accompagner de raz de marée. On les appelle hurricane au voisinage de l'Amérique ou Willy Willy dans l'ouest de l'Australie. On ne rencontre pas de cyclone dans le Pacifique austral oriental, de l'est de la Polynésie aux côtes américaines, ni dans l'Atlantique Sud. Le cyclone déclenche une houle de grande longueur d'onde, encore sensible à 1 000 km de celui-ci et qui constitue le meilleur signe annonciateur de son approche. Le trajet classique d'un cyclone est parabolique, commençant en général dans une zone maritime équatoriale chaude (mer supérieure à 27 °C), puis se dirigeant selon une direction ouest, puis nord-ouest, et finalement nord-est rejoignant ainsi la circulation polaire. Le déclenchement d'un cyclone nécessite des conditions particulières :

– Très forte humidité de l'air (donc surface maritime)

– Mouvements convectifs puissants : instabilité latente de l'air et surtout réchauffement important par la base. Les statistiques prouvent de plus en plus que la température océanique de 27 °C est un cap fatidique en deçà duquel il n'y aura pas formation de cyclones. Cette nécessité d'une forte montée des températures explique la survenue des cyclones à la fin de l'été (septembre, octobre).

– Existence d'une force de Coriolis assurant la déviation tourbillonnaire de l'air. Ceci explique que les cyclones se développent toujours à des latitudes supérieures à 5 °. En période ou zone à risque, on aura donc avantage à naviguer sur une ligne équatoriale.

Trombes et tornades : leur mécanisme est fondamentalement différent de celui des cyclones. Ce sont aussi des perturbations tourbillonnaires mais de dimensions restreintes, à axe vertical et associées au passage d'un cumulonimbus. Elles se manifestent dans des masses d'air chaud, humides et instables.
– **Trombes marines :** sous certains cumulonimbus, on constate assez souvent la présence d'appendices ou trombes qui n'atteignent pas toujours la mer. Le diamètre d'une trombe varie de quelques mètres à quelques dizaines de mètres et sa hauteur de 30 à 1 500 mètres. Son passage s'accompagne d'une forte dépression très localisée. Il vaut mieux tenter de contourner une telle trombe.
– **Tornades continentales :** phénomène analogue à la trombe marine, son origine est terrestre et ses effets beaucoup plus dangereux. Il n'y a pas d'appendice sous le cumulonimbus, mais des vents tourbillonnaires très violents (180 à 270 km/h), dont le diamètre est de quelques centaines de mètres seulement. Ce véritable broyeur peut en revanche balayer une zone de plusieurs dizaines de kilomètres de longueur au cours de son déplacement. Ces tornades sont fréquentes aux États-Unis, mais on les rencontre dans tous les pays continentaux où

des fronts froids séparent des masses d'air très différentes.

Astronomie, orientation, cheminement

ORIENTATION

Trouver le sud avec une montre et le soleil : la méthode, valable dans les zones tempérées (c'est-à-dire entre 23,5° et 66,5° de latitude sud ou nord), est exacte à 10° près. Entre deux levers ou couchers successifs, le soleil décrit une rotation apparente autour de la Terre de 360° en 24 heures, soit 15° par heure (en fait, c'est la Terre qui a tourné sur elle-même, mais pour l'observateur terrestre, c'est exactement la même chose). Sachant par ailleurs que le soleil se lève vers l'est et se couche vers l'ouest une douzaine d'heures plus tard, il aura eu au-dessus de l'horizon une série de positions successives par rapport auxquelles il sera possible de déterminer les points cardinaux, en particulier le sud. Si on dispose d'une montre (non digitale bien sûr !), il faut d'abord la mettre à l'heure **T.U. (temps universel)**, ou heure solaire, c'est-à-dire l'heure du méridien de Greenwich. Ainsi, par exemple, en France, l'heure T.U. est l'heure conventionnelle diminuée d'une heure en hiver, et de deux en été. Dans l'hémisphère nord, on oriente l'aiguille des heures vers le soleil, et le sud est indiqué par la bissectrice de l'angle formé par cette aiguille et la direction du 12. Dans l'hémisphère sud, le principe est le même, mais c'est le chiffre 12 qui doit être pointé dans la direction du soleil et le nord se trouve à mi-chemin entre le chiffre 12 et l'aiguille des heures. Dans les deux cas, on ne s'occupe pas de la position de la grande aiguille (cf. schémas).

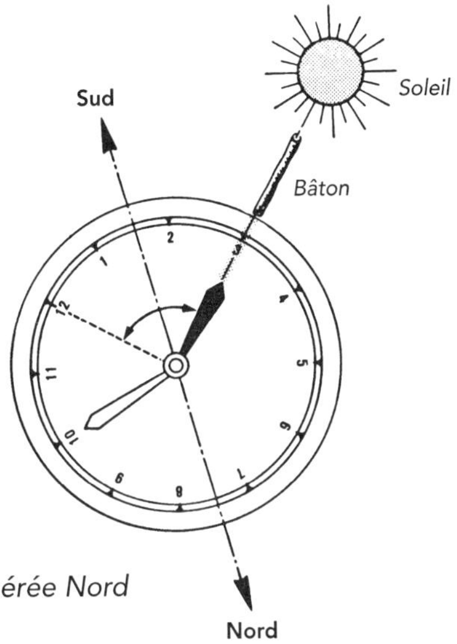

Zone tempérée Nord

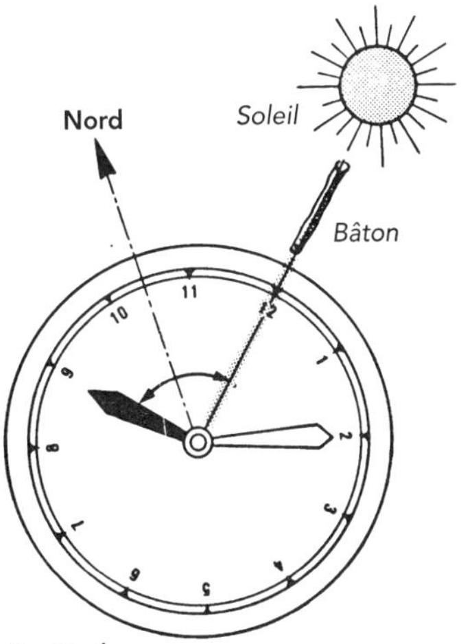

Zone tempérée Sud

La détermination de l'heure sans montre : la ligne reliant deux positions successives de l'extrémité de l'ombre d'un bâton est toujours orientée selon une direction est-ouest. Cette méthode relève du principe du cadran solaire (cf. schémas).

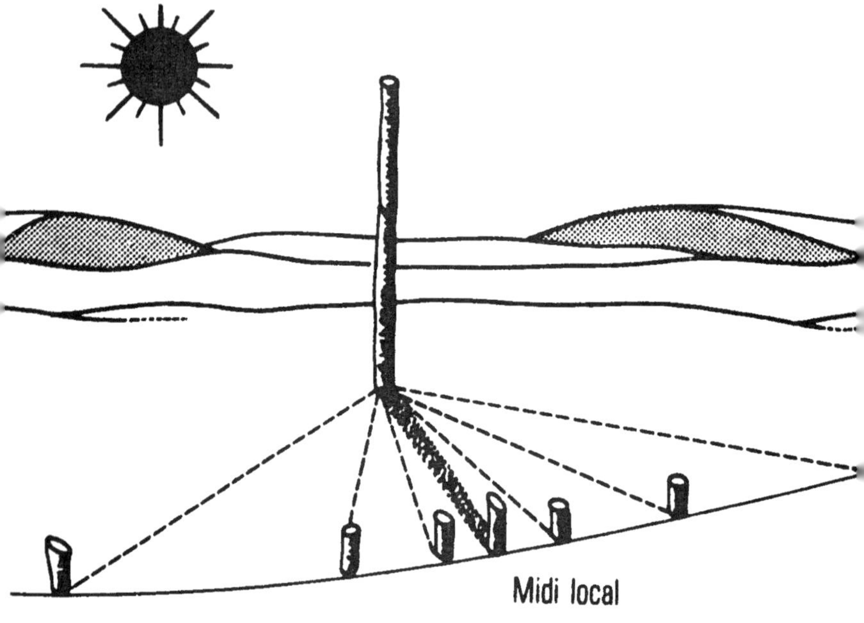

Détermination du midi local
L'ombre la plus courte indique le midi local

– **L'orientation selon les phases de la lune :** à minuit, la lune indique le sud quand elle est pleine, l'ouest au premier quartier, l'est au dernier quartier, etc.

Phase	EST	SUD	OUEST	NORD
 *Nouvelle lune*	6 h	12 h	18 h	24 h
 *Premier quartier*	12 h	18 h	24 h	6 h
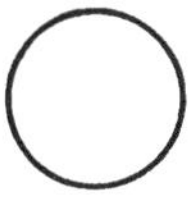 *Pleine lune*	18 h	24 h	6 h	12 h
 *Dernier quartier*	24 h	6 h	12 h	18 h

– **La trajectoire du soleil selon les saisons :** en un même lieu, le sud est toujours indiqué à midi heure solaire. **Aux équinoxes de printemps et d'automne**, les 21 mars et 21 septembre, le soleil se lève à l'est à 6 h et se couche à l'ouest à 18 h. **Au solstice d'été**, le 21 juin, le soleil se lève au nord-est à 4 h 15 et se couche au nord-ouest à 19 h 45. **Au solstice**

d'hiver, le 21 décembre, le soleil se lève au sud-est à 7 h 40 et se couche au sud-ouest à 16 h 20 (ces heures sont solaires).

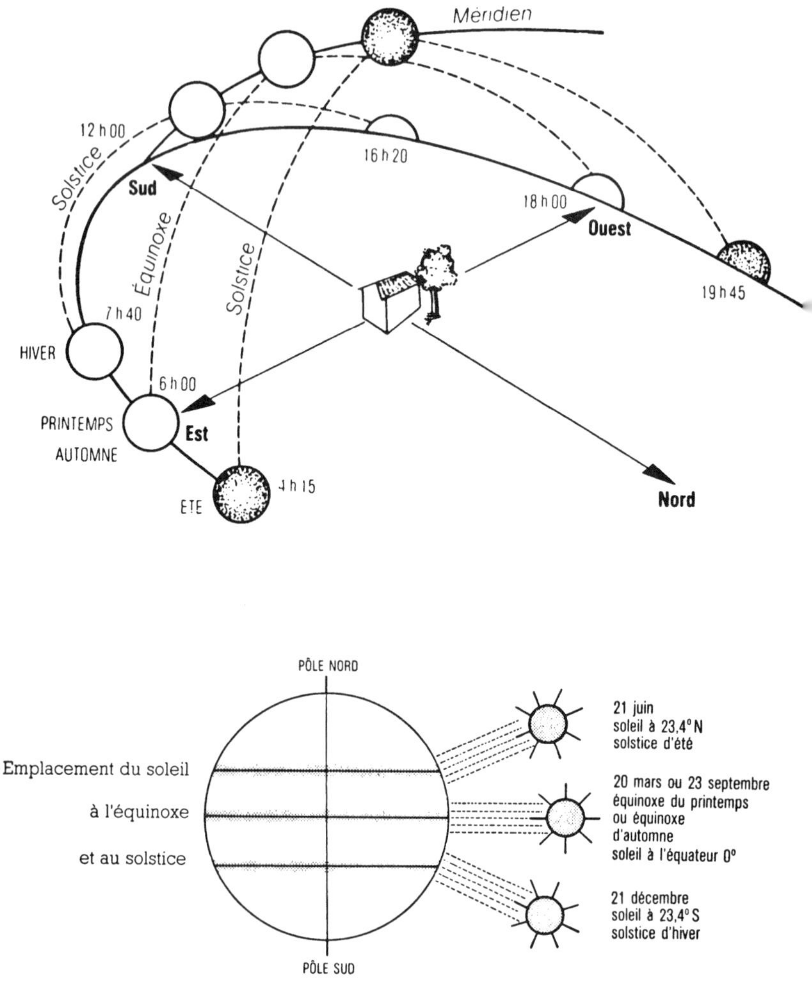

Trajectoire du soleil selon les saisons

– **L'orientation nocturne :** toutes les étoiles représentées sur le schéma ci-dessous sont visibles par ciel clair toute l'année, et très facilement repérables.

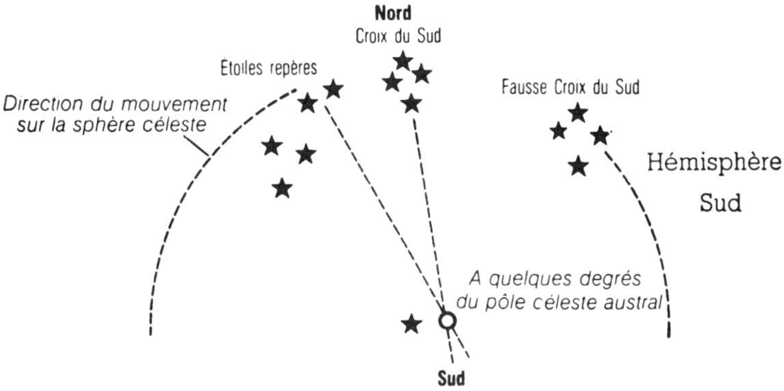

DÉTERMINATION DU POINT

La longitude : la détermination de la **longitude** peut se faire très simplement, à l'aide du soleil et d'une montre, par appréciation de la différence de temps entre le début du midi local et l'heure de Greenwich au même moment, donnée par la montre. Le midi local est évalué par la méthode de l'ombre portée du piquet, précédemment décrite. Au moment où l'ombre est la plus courte, le soleil passe à la verticale du méridien local.
Supposons que la différence de temps soit de 6 heures et 52 minutes, cela correspond à 6 x 15° + 52 x 0,25° = 103° de longitude. Pour la détermination est ou ouest, on sait toujours

dans quelle zone du globe on se trouve, même avec une approximation de plusieurs centaines de kilomètres, suffisamment pour décider si l'on est à l'est ou à l'ouest du méridien de Greenwich. L'erreur maximale que l'on commettra sera de plus ou moins 4°.
En survie, l'important est plus souvent de pouvoir estimer la variation de longitude journalière, davantage que de connaître très exactement sa position (cas du naufragé qui dérive, du marcheur au long cours, etc).

La latitude : dans l'hémisphère nord, l'une des méthodes les plus faciles pour déterminer la **latitude** consiste à mesurer la hauteur, en degrés, de l'étoile polaire au-dessus de l'horizon. Le sextant est l'instrument scientifiquement étudié pour cette mesure, et sa précision est très grande. Il sera malheureusement exceptionnel d'en disposer en situation de survie et on pourra alors se contenter de n'importe quel rapporteur : **la hauteur de l'étoile polaire correspond sensiblement à la latitude du lieu où l'on se trouve.**
Une autre méthode peut être utilisée lorsque les astres ne sont pas visibles la nuit. Elle utilise la durée exacte du jour, entre le début du lever du soleil et la fin de son coucher. Cette durée pour un jour donné dans l'année varie en fonction de la latitude du lieu où l'on se trouve. Par exemple, le 20 août, on observe une longueur du jour de 13 heures et 54 minutes. Le tableau ci-contre permet de déduire immédiatement la latitude du lieu : 45° 30'.

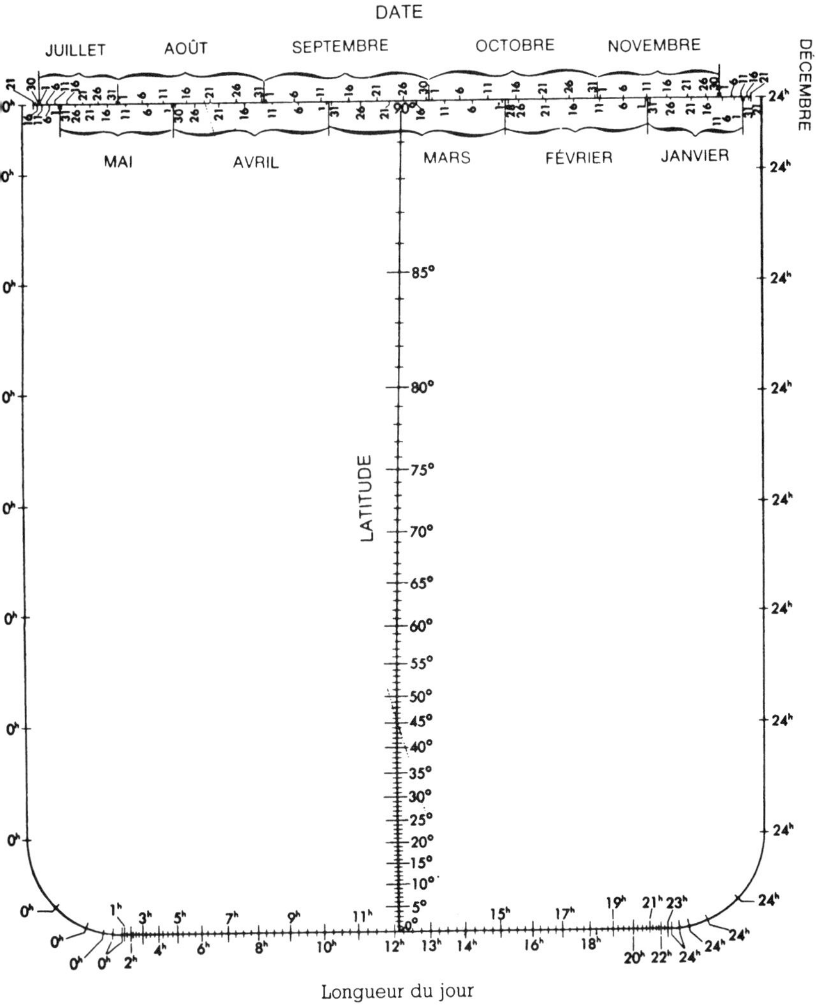

Diagramme pour trouver la latitude
connaissant la longueur du jour

DIÉTÉTIQUE DE LA SURVIE

Nous indiquerons les grands principes de diététique générale, et les besoins minimums pour des situations difficiles spécifiques.

La faim

La faim est une agression intervenant dans la survie, mais elle est rarement une cause de mortalité. Faim et appétit ne sont pas synonymes. La faim est un processus biologique se projetant au niveau de l'estomac. L'appétit est un désir de manger qui se situe « dans la tête », dépendant donc de la volonté pour une grande part. En situation de survie, il faut se méfier de ses instincts et apprendre à contrôler ses pulsions. Il faut également savoir privilégier la recherche d'eau plutôt que de nourriture.

Les principes élémentaires

L'apport calorique doit être réparti comme suit :
– Glucides : 55 % de l'apport calorique total
– Lipides : 30 % de l'apport calorique total
– Protides : 15 % de l'apport calorique total
= 4 portions de glucides pour 2 de protides et 1 de lipides

Le petit-déjeuner doit apporter 25 % de la ration calorique journalière. Les Anglo-Saxons ont adopté cette excellente habitude alimentaire depuis très longtemps et nous devrions impérativement les suivre dans ce domaine. Les Français font souvent l'impasse totale sur le petit-déjeuner ou prennent un petit-déjeuner n'apportant que 50 à 150 calories dérisoires. Ces habitudes sont irrationnelles.
En fait, les prises alimentaires doivent être de 4 à 5 par jour. Cette multiplication évite les lassitudes qui succèdent souvent aux repas et les hypoglycémies secondaires aux repas trop riches. **Quelles que soient les réserves dont on dispose, il faut les fractionner de la même façon.**

Les glucides

Ils ont surtout un rôle énergétique et sont donc indispensables pour maintenir un effort soutenu car le corps ne peut en stocker que très peu à la fois (environ 400 g sous forme de glycogène). Les réserves diminuent donc assez vite au cours d'un effort physique (3 g de glycogène par minute). On trouve les glucides dans les aliments suivants :
– **Sucre, bonbons, confiseries :** ils ne doivent cependant pas constituer plus de 10 % de la ration calorique totale, car ils ne contiennent rien d'autre que du saccharose (ni vitamines, ni sels minéraux).
– **Le miel** est un glucide hautement énergétique très rapidement utilisable. Il est donc précieux en expédition.

– **Le chocolat** a de nombreuses qualités : haute valeur calorique, quantité appréciable de vitamines du groupe B, propriétés toniques et diurétiques, teneur en magnésium intéressante dans la pratique du sport. Un aliment donc très avantageux en survie. Signalons qu'il existe des chocolats noirs spéciaux qui ne fondent pas, même aux latitudes chaudes.
– **Les légumes** contiennent beaucoup de glucides, un peu de protides et pas de lipides. Mais ils contiennent 80 à 90 % d'eau et on privilégiera donc les légumes secs en survie, car leur teneur en cellulose à fort pouvoir laxatif est très important. Il existe des sachets de légumes déshydratés associés à de la viande ou du poisson pour faire des potages qui sont très intéressants de par leur légèreté, leur longue conservation et leur faible encombrement.
– **Les fruits** contiennent également 80 à 90 % d'eau et uniquement des glucides. Là encore, seuls les fruits secs sont à retenir en survie. Il y a des fruits déshydratés et des fruits naturellement secs et nutritifs tels que les dattes et les figues. Les raisins secs, les noisettes, les bananes déshydratées qu'on trouve dans certains mélanges apéritifs sont très utiles en survie car, de digestion facile, ils représentent une excellente recharge en glucides et minéraux.
Il faut noter que la ration de glucide doit être de 55 % de l'apport calorique total car en dessous de 50 %, les performances physiques diminuent énormément. L'environnement modifie considérablement les besoins de

l'organisme en glucides : le froid, la chaleur, l'altitude, le séjour sous-marin ou sous terre sont autant de stress qui réclament l'aide des glucides au même titre qu'un effort physique. En zone froide, les besoins caloriques augmentent et surtout les besoins en glucides, car on constate une augmentation du sucre sanguin pour permettre à l'homme de résister au froid. D'où l'intérêt fondamental des boissons chaudes rehaussées de miel, du lait concentré sucré et des réserves de fruits secs.

SOURCES ALIMENTAIRES DES GLUCIDES

Aliments	**Remarques**	**Valeur calorique (calories pour 100 g)**
Farine (son) et semoule (blé)	Peu utilisable sans préparation	350
Pain-biscotte	Plus digeste grillé ou rassis	250
Biscuits-pâtisseries	Plus calorifiques que le pain	400
Pain d'épices	Digestion facile	320
Riz	Digestion facile	110
Pâtes	Ne contiennent que de l'amidon	375
Pommes de terre	Contiennent potassium et vitamine C	80
Céréales	Corn-flakes maïzena tapioca	

Légumes secs (pois cassés, lentilles, haricots)	Contiennent 23 % de protides, vitamines B et oligoéléments	330
Sucre	Contient seulement du saccharose mais rapidement utilisable	400
Miel	Composé de fructose et de glucose, il est très vite utilisable	320
Bonbons-confiseries	Idem que pour le sucre	400
Chocolat	Cacao + sucre cannelle, vanille, noisettes, lait en poudre Vitamines, magnésium	500
Confitures-gelées	Peu de vitamines	275
Légumes-secs	70 % de glucides (fructose) oligoéléments (potassium, magnésium, fer, cuivre)	335
Fruits secs	70 % de glucides (fructose) vitamine C, potassium, fer, cuivre	275

Les protides

Les protéines sont indispensables à la survie de l'homme. Les protides alimentaires fournissent une trentaine d'acides aminés, dont huit sont dits « indispensables », car l'organisme est incapable de les synthétiser. L'arrêt complet de l'apport de ces huit acides aminés conduira à la mort de façon aussi inéluctable que le manque d'hydratation ou le jeûne complet. En situation de survie, il sera donc indispensable de se procurer le minimum vital de ces protides : le naufragé devra pêcher ou filtrer du plancton, l'égaré manger la matière vivante qu'il pourra trouver aussi répugnante qu'elle puisse être.
Les protides sont en général d'origine animale même si on en trouve en petite quantité dans certains végétaux (légumes secs, céréales...). Contrairement aux idées reçues, toutes les viandes offrent la même valeur nutritive, qu'elles soient rouges ou blanches, cuites ou saignantes. Retenons tout de même ces observations :
– En zone suspecte, la **cuisson** est la seule garantie contre les risques de parasites.
– Les rations de **corned-beef** sont d'excellents fournisseurs de protide, un peu encombrant cependant.
– Le **pemmican**, une préparation de viande séchée et concentrée, est remarquable pour la survie en tout milieu.
– Le **foie** est l'abat à privilégier : il contient 20 à 22 % de protides et de nombreux oligoéléments et vitamines (vitamines de

groupe B, vitamine A, vitamine C, etc.). Tous les foies se valent, quel que soit le mammifère, sauf le foie de l'ours blanc qui est très toxique (cf. Les pôles).
– Le **poisson** est aussi nutritif que la viande.

À noter que certains poissons sont plus riches en lipides que d'autres et peuvent donc être plus intéressants pour la survie, comme le saumon, les anguilles ou le thon.
En survie, ne pas trouver de viande n'est pas dramatique si on peut trouver poissons, œufs, lait. En effet, 100 g de viande de boucherie peuvent être remplacés par :
– 100 g de poisson
– 2 œufs
– 250 g de lait concentré sucré
– 60 g de lait en poudre
– 30 g de fromage à pâte dure type gruyère
Le minimum en survie peut être estimé à **30 g de protides par jour pour un adulte moyen**.

Aliments	Remarques	Valeur calorique (pour 100 g)
Viande de boucherie	15 à 20 % de protides + phosphate, fer, vitamine B1	170
Foie	20 à 22 % de protides + fer + oligo-éléments + vitamine B + vitamine A + vitamine C	115

Aliments	**Remarques**	**Valeur calorique (pour 100 g)**
Corned-beef		235
Pemmican	Mélange de viande et graisses séchées	590
Gibier	À consommer rôti	
Volailles	Comparable à la viande de boucherie. Poule, oie et canard sont riches en lipides.	
Poissons	15 à 20 % de protides + phosphore, soufre, fer, cuivre, iode, vitamines du groupe B, vitamine A, vitamine D	80 à 200 selon que le poisson est gras ou maigre
Mollusques et crustacés	10 % de protides, très peu de lipides. Riches en oligo éléments (manganèse, cuivre, iode et zinc), phosphore, vitamine B1, A et D	
Blanc d'œuf	13 % de protides, du sodium, pas de lipides. Mais attention, ses protides ne peuvent être utilisés par l'organisme que si le blanc est cuit.	

Jaune d'œuf	13 % de protides + 12 % de lipides + fer + potassium + calcium + vitamine B1, B2, A et D	160
Lait entier en poudre	Très intéressant en survie	500
Lait concentré sucré	Le lait est un aliment complet remarquable par sa teneur en calcium, en phosphore et en vitamine D.	
Fromages secs	Contiennent jusqu'à 30 % de protides.	400

Les lipides

Les lipides nous intéressent en survie en tant que **réserves d'énergie potentielle très importantes**. Ces réserves de « graisse » sont indispensables pour tenir en survie. Il existe une étroite interconnexion lipides-glucides :
– Si les apports alimentaires en glucides sont normaux, suffisants à l'activité physique, les lipides seront mis en réserve dans les graisses.
– S'il n'y pas d'apport alimentaire, les lipides en réserve sont mis à contribution pour fabriquer du glucose.

D'origine animale ou végétale, les graisses seront d'autant plus bénéfiques en survie qu'elles seront plus digestibles. Cette digestibilité dépend de plusieurs facteurs :

– **La liquidité :** plus ils sont liquides, plus les corps gras sont attaqués par les sucs digestifs. Les huiles sont ainsi mieux assimilées que la graisse animale.

– **La préparation :** au-delà d'une certaine température, les corps gras se décomposent, donnant des dérivés indigestes, voire toxiques.

– **Les graisses doivent fondre facilement,** c'est-à-dire que leur point de fusion doit être inférieur à 37 °C. C'est le cas du beurre et de la margarine.

En survie, il est difficile d'emporter des graisses qui fondent facilement et contiennent beaucoup d'eau comme le beurre ou la crème. Voici les sources de lipides faciles à avoir en survie :

– Une bonne source sera le **saindoux** que l'on obtient par la fonte des graisses qui entourent muscles et viscères des animaux. Le saindoux est plus riche que le beurre puisqu'il contient 95 % de lipides contre 85 % pour le beurre et il apporte 900 calories pour 100 g contre 700 pour le beurre. Son seul inconvénient est sa pauvreté en vitamines.

– **Les fruits oléagineux**, type olives, noix, noisettes, avocats, amandes, cacahuètes contiennent en moyenne 50 à 60 % de lipides avec une valeur calorique de 600 calories pour 100 g. Ces fruits contiennent également de nombreuses vitamines.

– **Le fromage, le lait, les viandes grasses** type mouton ou porc, les **poissons gras** et les **gibiers gras** sont de bonnes sources de lipides.
L'organisme est capable de mettre en réserve des quantités importantes de graisses, alors que les protéines et les sucres ne peuvent être stockés qu'en quantité limitée. Ces réserves de graisses, éventuellement augmentées avant un départ en expédition, doivent rester dans une limite au-delà de laquelle la surcharge pondérale serait préjudiciable.

Les vitamines

Nous allons voir quelles sont les vitamines essentielles à la survie, où les trouver et comment les utiliser.

La vitamine C : l'homme ne peut ni la synthétiser, ni la mettre en réserve. Elle doit être apportée quotidiennement par des légumes verts ou des fruits frais. Mais en survie, ces aliments sont trop lourds à emporter et souvent difficiles à trouver. **De plus, en situation de stress et d'effort, les besoins sont deux fois plus importants que ceux d'un citadin. Les besoins sont de 200 à 300 mg par jour**. Cette quantité nécessiterait la consommation de 3 kg de légumes verts ou 400 g d'agrumes... De plus, la cuisson des légumes détruit 50 % de la vitamine C. La vitamine C est très fragile, et le simple stockage ou transfert entraîne également une perte considérable.

Il est donc indispensable d'emporter avec soi des comprimés de vitamines C. Il en existe dosés à 500 mg. Les dangers de surdosage n'existent pas comme pour les autres vitamines. Mais attention, les fortes doses de 2 ou 3 g ne servent à rien et provoquent au contraire des insomnies et des troubles nerveux. On évitera d'ailleurs de prendre ces comprimés après 18 h à cause des insomnies occasionnées. La mise en réserve n'existant pas, le comprimé doit être pris en plusieurs fois dans la journée.
L'action de cette vitamine est incontestable sur le **tonus général, la forme physique, la résistance à la fatigue, l'acclimatation au froid**. Il semble en plus qu'elle augmente la résistance de l'organisme aux chocs histaminiques (morsures venimeuses, piqûres d'insectes...) et joue un rôle important dans la lutte contre l'infection.

La vitamine B1 ou thiamine : nous en avons parlé, à propos du stress, comme d'un adjuvant intéressant à la vitamine C. Elle est présente dans le foie mais aussi dans l'écorce des céréales, dans la levure... **Elle améliore les performances, le tonus vital, diminue la fatigue et le temps de récupération**. Elle fait par ailleurs disparaître les **crampes musculaires**. Son manque en situation de survie est donc pénalisant sur tous ces plans et justifie une compensation par comprimés.

La vitamine A ou rétinol : à n'utiliser que dans la perspective d'actions nécessitant une bonne vision nocturne (spéléologie, vol de nuit, compétitions nocturnes, plongée profonde de nuit). Le manque de vitamine A entraîne en effet une perte de la vision crépusculaire. La vitamine A possède aussi des qualités anti-éblouissantes qui la rendent utile dans certains milieux très lumineux. **On peut ainsi la conseiller au cours de raids de ski nordique et sous forme d'une capsule unique à 50 000 unités**. On trouve la vitamine A dans le lait, le beurre, le jaune d'œuf, le foie, les reins, les carottes, les papayes, les mangues.

Les vitamines sont beaucoup trop utilisées sans discernement dans le cadre des activités sportives. Il faut retenir deux choses en survie :
– Des préparations multivitaminées existent dans le commerce, contenant toutes les vitamines nécessaires. On pourra en emporter en plus de la vitamine C.
– Le foie de tous les mammifères et poissons est très riche en vitamines, tant en variété qu'en quantité. C'est donc un morceau qu'il faudra privilégier en survie.

Les sels minéraux

Une vingtaine d'entre eux est indispensable à la vie. Dans le cadre d'une survie portant sur quelques semaines ou mois, l'apport de ces oligoéléments ne devra pas être une obsession, car le temps n'est pas suffisant pour apporter un déséquilibre dangereux. Toutefois, les oligoéléments à prendre en considération en survie sont les suivants :

Le potassium : on le trouve dans le lait en grande quantité et surtout dans un grand nombre d'aliments végétaux (fruits et légumes secs). Les besoins journaliers de l'homme sont relativement restreints et il est donc facile de les couvrir.

Le phosphore : il est indispensable. On le trouve dans le poisson, la viande, le foie, les œufs, le lait et les céréales.

Le magnésium : son manque provoque fatigabilité et contracture des muscles. Les sources de magnésium sont les féculents, les fruits oléagineux et le chocolat. Soulignons encore l'intérêt en survie du chocolat riche en glucides, lipides, magnésium et fer.

Le calcium : il est indispensable à l'activité neuromusculaire et cardiaque normal, à la formation des os et des dents, à la coagulation. Son apport insuffisant est fréquent en survie et nous soulignons l'intérêt des comprimés de calcium associés à la vitamine C. Il y a autant de calcium dans un comprimé de ce type que dans un litre de lait ou 120 g de fromage. En pratique, il est impossible de consommer suffisamment de calcium si on délaisse le lait et les fromages, d'où l'utilité des comprimés...

En résumé, le problème de l'apport en minéraux doit passer après celui de l'approvisionnement en glucides, lipides et protides, d'autant que les solutions résident souvent dans une source alimentaire identique.

Diététique et situations particulières

Nous allons préciser dans ce paragraphe quelques grands principes de nutrition en situation particulière. Que manger dans tel milieu ou tel état physique et psychique ? Par ailleurs, les particularités des besoins diététiques selon les situations sont indiquées dans chaque chapitre en fonction des possibilités dispensées par le milieu.

Diététique et stress émotionnel : l'angoisse, plus encore que le travail musculaire lui-même, peut vider les réserves de glucose d'un sujet émotif. **On augmentera donc la ration de glucides face à une situation de stress psychique pour éviter l'hypoglycémie**. En effet, on remarque que l'angoisse diminue la résistance physique d'un sujet soumis à des conditions physiques ou climatiques extrêmes.

Diététique et alpinisme : au-delà de **3 000 m,** l'alimentation doit compenser à la fois l'effort physique, le froid et l'altitude. **À partir de 6 000 m**, la très grande majorité des alpinistes ont un dégoût pour la viande et **2 000 calories suffisent** (au lieu de 3 500) en haute montagne en raison de la perte d'appétit et du ralentissement de la digestion et de l'activité du métabolisme. On recommandera alors :
– 50 g de protides
– 50 g de lipides

– 300 g de glucides

Soit au total **1850 calories**. On choisira sa ration parmi les éléments suivants :

– Lait en poudre complet
– Fruits secs (raisins, figues, pruneaux, abricots)
– Oléagineux (noisettes, amandes, arachides)
– Chocolat, bonbons au miel
– Pain concentré
– Thé ou café en sachet
– Gruyère

Et si on a de la place : lait concentré sucré, saucisson sec...

Diététique et plongée : la plongée s'accompagne vite d'un refroidissement et les réserves de glucose peuvent alors être brûlées en une heure. **D'où la nécessité d'un apport de sucres rapides avant l'effort**. Sous l'eau, on peut recevoir cet apport sous forme de lait concentré sucré.

Diététique et marche forcée : au bout de 25 km, la courbe de glycémie baisse de façon significative et cela se ressent alors sur la forme physique et la fatigue. **L'idéal est de prendre du sucre tous les 8 km** soit sous la forme de comprimés de sucre à avaler ou à croquer (C6), soit sous la forme d'eau sucrée (20 g de miel dans un décilitre d'eau).

Préparation diététiques de survie

Certaines préparations sont intéressantes à emporter en survie. Il ne faut prendre en revanche que les aliments « secs » et éviter les

préparations liquides trop encombrantes. On peut trouver parmi les aliments secs intéressants :
– **Vivanco :** poudre d'aliment complet à diluer.
– **Musli :** intéressant pour enrichir le petit-déjeuner.
– **Biscuits Milical** 30 % : aliment protéique aux quatre parfums.
– **Les farines « diastasées » ou « maltées » pour nourrisson** sont conseillées pour l'effort physique et le froid, apportant à la fois glucides et calories en grande quantité.
– **Hyperprotidine :** poudre hyperprotidique d'appoint.
– **Trophysan :** poudre contenant acides aminés indispensables, vitamines B6 et PP.

La cueillette

Notons, pour terminer, l'intérêt de la cueillette en situation de survie. La cueillette peut constituer une source alimentaire non négligeable et il est nécessaire de connaître un certain nombre d'éléments pour pouvoir cueillir champignons, baies et fruits en toute sécurité.

Les champignons : les champignons sont plus des condiments que des aliments et leur intérêt en survie est de rehausser d'une saveur agréable des rations alimentaires souvent insipides. En effet, les champignons contiennent de 70 à 90 % d'eau et n'ont par conséquent presque aucune valeur nutritive : peu de sucres, peu de calories, peu de sels minéraux et quasiment pas de vitamines.

En présence de champignons à consommer ou à éliminer, le tri doit être drastique, guidé par des critères très simples résumés dans le tableau ci-dessous. Le tri se fait principalement par la forme du chapeau ou du pied :

Les champignons dont les pieds présentent les caractéristiques suivantes sont à éliminer absolument :
– Avec anneau.
– Avec volve gainée à la base.
– Avec anneau et base.
Ce sont principalement les amanites.

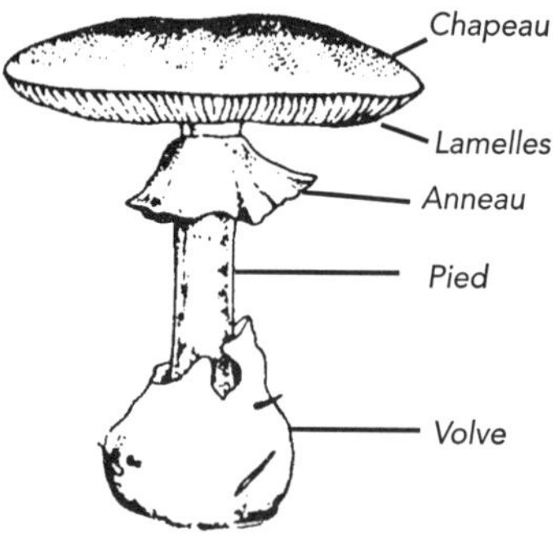

Fig. a (Amanite)

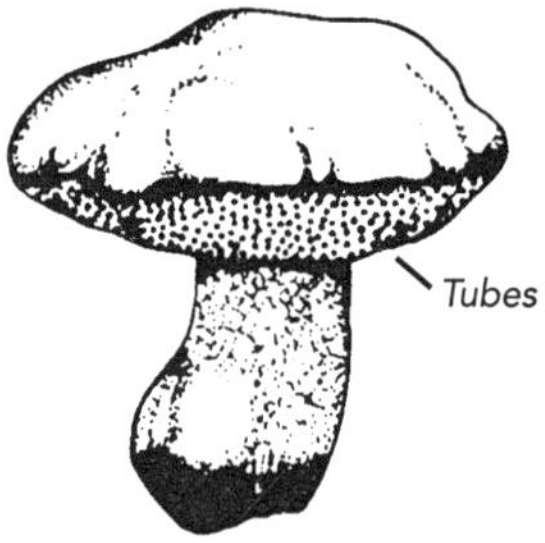

Fig. b (Bolet)

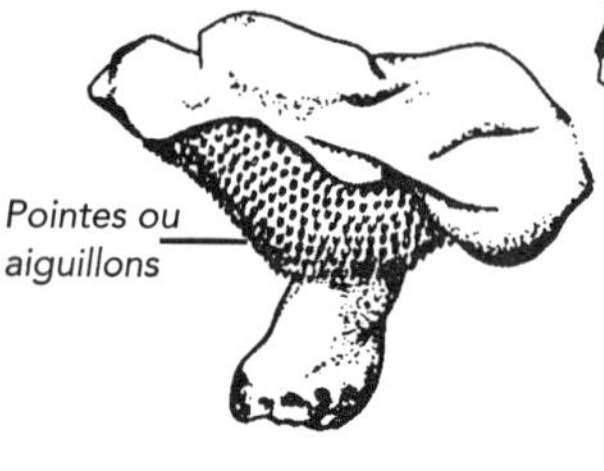

Fig. c (Pied de mouton)

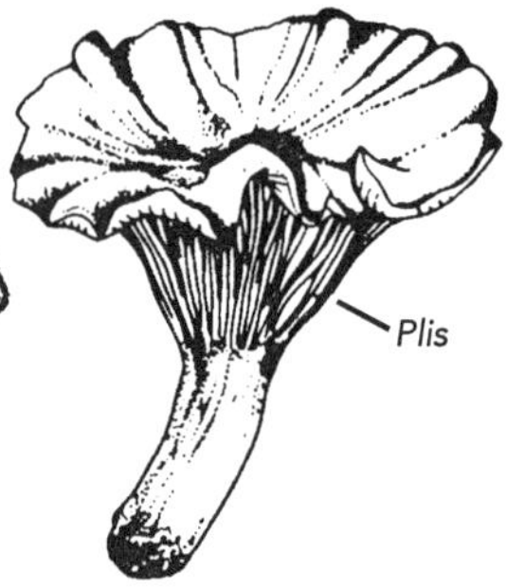

Fig. d (Chanterelle)

Fig. e (Morille)

Chapeau	Conduite à tenir	Types principaux
À lamelle	À rejeter sans discrimination	Amanites Entolome livide Cortinaire Cortinaire faux Girole Inocybe de patouillard
À tubes	La chair bleuit à la cassure : à rejeter.	Bolet de Satan ou cèpe du diable
	La chair ne change pas : à conserver.	
À aiguillons	Consommable	Pied de mouton
À plis	Consommable	Chanterelle Girolle- Girondelle Jaunote
À alvéoles (apparence d'éponge)	Consommable	Morilles- Morillons

Une fois cueillis, les champignons jugés comestibles doivent être coupés dans le sens de la longueur pour s'assurer qu'ils ne referment pas de larves d'insectes. Ils doivent être consommés le plus rapidement possible, ne se conservant pas plus de 24 heures par temps chaud. Si on ne peut les utiliser rapidement, on les fera sécher à l'air sur des roches au soleil, ou en chaîne exposés au vent. Il ne faut pas les rincer trop abondamment ou les faire tremper longuement, ce qui accélère leur dégradation.

Algues, lichens et mousses : ils sont les seuls représentants végétaux dans beaucoup de milieux. Tous peuvent être consommés, malgré leur insipidité... On trouve de la laitue de mer aux larges feuilles sombres, des laminaires effilées et en dents de scie, des fucus ou des algues rouges consommables après lavage à l'eau douce et si possible ébullition. Elles dégagent alors une gelée riche en protéines, qui peut être mêlée à n'importe quel aliment (riz, lait en poudre, etc.). Les lichens peuvent être consommés après avoir été bouilli longuement pour éliminer leur forte amertume. Aucun lichen n'est toxique.

Les autres végétaux comestibles : nous donnons simplement quelques éléments car traiter de toutes les plantes comestibles nécessiterait une véritable encyclopédie. Pour le « candidat à la survie » qui sait dans quelle région il va se rendre, nous lui conseillons de consulter des ouvrages spécialisés. Il n'existe pas de règle universelle qui permettrait à coup sûr d'éliminer les plantes toxiques.
Voici quelques éléments utiles. Selon les saisons, les parties consommables diffèrent. D'une façon générale, on trouve :
– **Au printemps :** des feuilles, tiges ou jeunes

pousses, ou quelques fruits.
– **En été :** surtout des fruits.
– **En automne :** des fruits, des racines ou tubercules.
– **En hiver :** des fruits blets en petite quantité.
Sur le plan diététique, il est intéressant de savoir que :
– Les fruits, baies et graines renferment des sucres et sont donc les plus caloriques. Les fruits de certains végétaux négligés dans la consommation courante sont néanmoins comestibles : airelles, arbousiers, aubépines, figuier de barbarie, sureau, chêne, pin, argousier, cornouiller, genévrier, etc.
– Les racines et tubercules, organes de réserves des plantes, sont particulièrement nourrissants en automne.
– Les feuilles et jeunes pousses ont une faible valeur alimentaire, mais présentent l'intérêt d'être toujours comestibles à l'exception de la belladone.

La soif

On peut jeûner plusieurs semaines, mais au-delà de 48 heures, le manque d'eau amène des troubles déjà très sévères. La soif est provoquée par un déficit d'eau et de minéraux de plusieurs origines :
– **L'urée et l'excrétion rénale**.
– **L'évaporation pulmonaire** (évaporation d'eau par les poumons sous l'action de la respiration) est d'autant plus importante que l'air est plus sec et la fréquence respiratoire plus grande.

– **La sudation** surtout, nulle en climat frais ou froid et très importante en climat chaud ou lors d'un exercice physique intense.

Certains facteurs augmentent les risques dus au manque d'eau.
– **La température :** plus il fait chaud, plus la résistance de l'organisme sera limitée sans apport d'eau. Par exemple, à 32 °C, la durée moyenne de survie est de 3 jours, à 21 °C de 6 jours et à 15 °C de 17 jours. On constate que chaque degré en moins prolonge la survie dans des proportions de plus en plus grandes.
– La digestion d'aliments consomme de l'eau. Donc, en survie, faute de disposer de boisson, **il faut s'abstenir de toute alimentation**.

Le bon usage de sel : beaucoup d'Occidentaux restent accrochés à l'idée que la vie dans le désert ne peut se concevoir sans comprimés de sel, même s'ils vivent et se déplacent en atmosphère climatisée. Il faut bien retenir que chaque gramme de chlorure de sodium implique une prise additionnelle de 70 ml d'eau (soit 1 litre pour 14 g de sel). C'est pour cette raison que certaines boissons riches en éléments minéraux ne sont désaltérantes qu'à court terme et exigent un apport quotidien beaucoup plus important que de l'eau normale.

En survie, il y a des précautions à prendre vis-à-vis des sources d'eau. Nous n'envisagerons pas ici les moyens de trouver de l'eau, ce problème étant traité spécifiquement pour chaque milieu, mais **les potentiels dangers de certaines sources**. Notons que les normes officielles de l'OMS (Organisation mondiale de la Santé) précisent qu'une eau est potable si elle est **fraîche, limpide, claire, inodore suffisamment aérée, légèrement salée, sans substances toxiques ou microbes**. Ces qualités sont très rarement réunies en survie et on devra se contenter de ce que l'on trouve moyennant quelques précautions élémentaires :

– **L'eau provenant de la fonte des neiges et des glaces** est susceptible d'entraîner l'apparition de crampes et de troubles digestifs, car elle est pratiquement dépourvue de sels minéraux. Elle devra donc s'accompagner de prise alimentaire ou de sel. La glace ou la neige ne devront pas être fondues dans la bouche, mais entre le corps et les mains dans un récipient car, outre un refroidissement local important, la présence d'eau glacée, dans la bouche peut entraîner des diarrhées.

– **Toute eau à hygiène suspecte** devra être désinfectée par filtration, ébullition ou adjonction d'hypochlorite (chlore).

– **L'eau de mer :** sa consommation ne peut être envisagée que pour « rallonger » une réserve d'eau et selon des modalités très précises (cf. les naufrages).

– **Les urines :** le « recyclage » des déchets peut être envisagé en l'absence de tout autre apport sous deux réserves : il doit être épisodique et l'urine ne doit jamais être stockée car des nitrites se forment à l'air libre dont l'ingestion serait toxique.

Il faut savoir que l'eau fraîche, bien que plus

désaltérante que l'eau tiède, n'est pas plus efficace pour autant sur le plan de l'hydratation. Du liquide très chaud sera par exemple très bénéfique dans les climats très froids : à la fois réhydratant et réchauffant.

L'eau est la seule boisson vraiment indispensable. Toutes les autres formes ne visent qu'à la rendre plus agréable ou plus facile à absorber, mais c'est toujours au détriment du rapport hydratation-volume de boisson. Par exemple, le vin contient 80 % d'eau, mais aussi des tanins, des traces de divers sucres et sels, et surtout de l'alcool éthylique qui lui confère une valeur calorique de 560 calories au litre, calories qui nécessitent 500 cm^3 d'eau pour être assimilées. C'est donc une boisson particulièrement mauvaise pour l'hydratation en zone de chaleur. En revanche, deux infusions présentent des qualités appréciables en survie : le café, qui a un effet excitant sur le système nerveux, et le thé qui a les mêmes propriétés que le café mais très atténuées et peut donc être consommé en plus grande quantité que le café.

Le stockage de l'eau : même dans un récipient hermétique, il faut veiller à la couleur de l'eau chaque jour. La prolifération d'algues microscopiques peut toujours se produire.

Pour supporter la soif plus longtemps :
– On évitera toute prise alimentaire en particulier d'aliments sucrés.
– On diminuera au maximum toutes les pertes hydriques et surtout les pertes par sudation.

MÉDEÇINE SANS MÉDECIN

Les conseils donnés dans ce chapitre s'adressent à des adultes sains, susceptibles de se retrouver seuls en situation de survie précaire.

Vertiges, mal des transports, aberrations sensorielles

Le mal de mer : ce désagrément frappe aussi bien les néophytes que les vieux loups de mer. Survenant parfois très rapidement, il est cependant moins brutal que le mal de l'air et prévient en général par des petits signes : diminution de l'entrain, de la loquacité, sensation de malaise, d'anxiété, somnolence puis bâillements, étourdissements, lourdeur musculaire, et finalement nausées. Le mal de mer est toujours aggravé par la fatigue, le froid, la faim et le manque de sommeil. Le mal de mer connaît des degrés de gravité très variable, du simple inconfort au collapsus... Nul ne peut savoir avant de l'avoir vécu comment il réagira au mal de mer. Pour le prévenir :

– **La position allongée** est la plus favorable supprimant presque totalement l'effet de tangage.

– **Certains paramètres doivent être évités :** confinement de l'air, chaleur, mais aussi froid

et humidité, vibrations, bruits, odeurs de mazout, de cigare, de cuisine...
– **Le facteur optique :** en mer, sur le pont, il vaut mieux regarder l'horizon plutôt que la vague ou le sillage fuyant. Il faut éviter de lire ou de consulter les cartes.
– **La vie à bord doit être bien réglée,** ménageant des temps de sommeil suffisants et réguliers. Les repas doivent être fréquents et non gras.
Les médications sont nombreuses pour traiter le mal de mer. Citons-en deux :
– **Marzine :** en boîte de 20 comprimés (1 à 3 par jour) ou en étui de 6 suppositoires.
– **Nutamine :** 1 à 1,5 comprimé à renouveler.
Tous ces médicaments interdisent la consommation d'alcool.

Le mal de l'air : il se rapproche beaucoup du mal de mer dans ses symptômes, ses facteurs de déclenchement et ses moyens préventifs. Mais à la différence du mal de mer, le mal de l'air survient souvent brusquement, le passager passant directement de l'inconfort léger au vomissement. Nous ne nous étendrons pas plus sur ce sujet qui a peu de chances de toucher une personne en situation de survie.

Vertiges et aberrations sensorielles : on peut en être atteint en altitude ou en profondeur.
– **Sous l'eau**, il existe une désorientation possible lorsque, plongeant à une certaine profondeur, on ne voit plus ni la surface, ni le fond. Ce phénomène est classique par visibilité médiocre au-dessus de grands fonds, surtout lorsqu'il n'y a pas de soleil. Une longue

expiration suffira à recréer la notion de verticale.
– **En altitude :** le vertige, dont beaucoup de sujets souffrent dans les airs, est dû à une sensation exacerbée de hauteur, sensation qui est en rapport avec une anomalie de l'oreille interne. Sans doute est-il possible de repousser les hauteurs au-delà desquelles un sujet est paralysé par le vertige, mais les limites sont rapidement atteintes. On ne se lancera pas dans une expédition comportant des passages vertigineux, sans avoir vérifié que tous les équipiers sont aptes.
– **Le « white-out » :** c'est une perte de références visuelles provenant d'une impossibilité de mesurer les distances par rapport à des reliefs recouverts de neige. L'uniformité du manteau neigeux empêche l'œil de s'accommoder à la bonne distance. Dans le désert également, face à des dunes qui étalent leurs courbes monotones sur des dizaines de kilomètres, il est très difficile d'apprécier les distances et on a coutume de multiplier les appréciations par trois pour se rapprocher de la vérité. En mer, il est également difficile de définir où se trouve l'horizon.
Ces aberrations d'équilibre ou d'impressions visuelles doivent être connues de tous ceux dont la vie aventureuse est faite d'activités sportives variées en tous milieux et toutes conditions météorologiques.

Les vaccins

Le choix des vaccinations pour un sujet susceptible de se retrouver en situation de survie

n'a strictement rien à voir avec le calendrier habituel que l'on suit en pays civilisé. Cela tient à plusieurs facteurs :
– **L'âge du sujet :** adulte, un grand nombre de vaccinations lui sera inutile (coqueluche, rougeole, diphtérie, toxoplasmose pour les femmes, etc.). Le sujet aura été vacciné quand il était plus jeune, ou naturellement immunisé.
– **L'évaluation du risque :** on éliminera ainsi le vaccin anti-grippal, à réserver aux personnes âgées, et le vaccin anticholérique, à réserver aux populations dénutries en zone d'épidémie.
– **Le mode d'administration :** on peut, chez un sujet pressé, faire toutes les vaccinations en deux semaines, même si l'idéal est de s'y prendre avec **deux ou trois mois d'avance**.
– Le seul critère identique pour n'importe quel candidat à la vaccination est **la zone où il se rend.**

Voici le tableau des vaccinations utiles ou indispensables selon la destination, et par ordre de nécessité décroissante.

Vaccin	Mode	Efficacité et validité	Point de départ de l'immunité	Pays ou zone
Tétanos	3 ISC[2] à 3 semaines d'intervalle.	100 % d'immunité. Rappel après un an puis tous les 5 ans	À partir de la seconde injection sous cutanée.	Seule vaccination indispensable dans le monde entier.

[2] Injection sous cutanée

Vaccin	Mode	Efficacité et validité	Point de départ de l'immunité	Pays ou zone
Fièvre jaune (transmise par les moustiques)	1 ISC dans un centre agrée OMS.	Immunité très bonne pendant 6 ans. Rappel tous les 10 ans.	10 jours après l'injection.	Amérique et Afrique intertropicale.
Hépatite B	3 ISC à un mois d'intervalle.	Bonne immunité. Rappel après un an, puis tous les 5 ans.	À partir de la seconde injection.	Afrique et Asie du Sud-Est surtout, mais épidémie possible dans le monde entier.
Méningite (A + C)	1 ISC de 0,5 ml	Bonne immunité. Rappel après 3 ans.	Après quelques jours.	Brésil, Uruguay, Maroc, toute l'Afrique entre l'équateur et le tropique du Cancer, Asie.
Poliomyélite	Buccal : 3 prises de 0,5 ml à 1 mois d'intervalle.	Rappel après un an puis tous les 5 ans.	À partir de la seconde prise.	Amérique latine, toute l'Afrique, toute l'Asie du Sud-Est.

Vaccin	Mode	Efficacité et validité	Point de départ de l'immunité	Pays ou zone
Tuber-culose	BCG si tests négatifs.	Très variable.	Seulement si le test devient positif (aléatoire).	Très nombreux pays, en particulier l'Inde, l'Afrique noire, Hong Kong, Singapour, Thaïlande, Guatemala, Colombie.
Typhoïde-para-typhoïde A et B (trans-mission par les aliments)	3 ISC à 2 semaines d'intervalle.	Rappel après 1 an puis tous les 5 ans.	À partir de la seconde injection.	Afrique, Extrême-Orient, Amérique latine.
Choléra	Vaccination à rejeter, sauf épidémie locale.			
Variole	Vaccination à refuser (maladie éradiquée à ce jour).			

Tétanos : c'est la seule vaccination aussi indispensable qu'efficace et anodine (100 % d'immunité, jamais de complications).

Fièvre jaune : très efficace, elle est indispensable pour l'Amérique latine et l'Afrique intertropicale.

Méningite : elle est utile dans les zones indiquées.

Hépatite B : ce vaccin est à recommander avant un séjour en Afrique et en Extrême-Orient.

Le TAB contre les fièvres typhoïdes et paratyphoïdes est utile en Afrique et en Extrême-Orient. Le DT-TAB a l'avantage de réunir, dans les mêmes ampoules, les vaccins contre la diphtérie, le tétanos, les fièvres typhoïdes et paratyphoïdes. Il semble particulièrement bien adapté aux grands voyageurs. Le polio buccal a l'avantage d'être administrable par le sujet lui-même.

Le BCG est utile dans des cas exceptionnels si l'on a des tests négatifs.

Le choléra : encore réclamée dans certains pays, la vaccination est pourtant très critiquable pour de multiples raisons :
– Elle n'immunise que dans 50 % des cas.
– La prévention en cas de risque est parfaitement assurée par les sulfamides : **Fanasil** par exemple, à raison de 3 à 4 comprimés de 0,50 g en une seule prise à répéter éventuellement 15 jours plus tard. On pourra donc emporter ce médicament en zones suspectes (Inde, Pakistan, Asie, Afrique), d'autant qu'il est très efficace pour soigner plusieurs autres maladies exotiques.

Prévention de certaines maladies exotiques

Il s'agit ici de proposer des médicaments symptomatiques ou de fond, préventifs ou curatifs, qui permettront de surmonter la grande majorité des maladies exotiques.

Le paludisme : cette maladie cause 2,7 millions de décès par an. Elle se transmet par les moustiques et concerne tous les pays de la zone intertropicale. Une prévention par médication orale sera nécessaire :
– **Nivaquine :** 1 comprimé à 100 mg par jour, 6 jours sur 7.
– **Flavoquine :** 3 comprimés à 200 mg, 1 fois par semaine.
La résistance du parasite aux médicaments est en constante croissance, la Chloroquine (Nivaquine) ne peut quasiment plus nulle part être utilisée seule. Il faut lui adjoindre du **Proguanil** (Paludrine). La meilleure couverture actuelle est la suivante : **Lariam (Méfloquine)** à raison d'1 comprimé par semaine. La première prise se fait la semaine précédant le départ et la dernière 3 semaines après le retour. **Ne pas prendre de Flavoquine avec le Lariam** en raison d'accidents mortels signalés.
Mais même l'efficacité de ce médicament diminue et il faut donc tout faire pour éviter la contamination et donc les piqûres par les moyens suivants :
– Porter des vêtements recouvrant le corps au maximum.

– Sur les parties découvertes, appliquer les répulsifs anti-moustiques efficaces conformes aux recommandations du ministère de la Santé : **Insect Écran 5/5 Tropic** et la gamme **Repel Insect.**
– Dormir avec des **moustiquaires efficaces imprégnées d'un répulsif** (cf. les animaux).
– Utiliser les insecticides type Baygon.

L'amibiase : cette maladie est due à un protozoaire (parasite) qui peut s'enkyster dans le foie et se réveiller des années plus tard s'il a été mal soigné au départ. Il n'existe pas de prévention médicamenteuse et encore moins de vaccination. **Il ne reste que l'hygiène et le traitement adéquat : l'hygiène** consistera sur place à éviter les crudités, les glaces, l'eau non bouillie, tout ce qui d'une façon ou d'une autre, peut avoir été au contact avec une eau souillée. Pour **les médicaments**, nous conseillons :
– **Flagyl** (Métronidazole) : c'est un anti-amibien qui détruit l'amibe en profondeur. 6 à 8 comprimés de 0,25 g par jour, en prises fractionnées pendant 7 à 10 jours.
– **Fasigyne** (Tinidazole) : même efficacité, mais élimination prolongée qui autorise des cures plus courtes. 3 à 4 comprimés de 0,5 g par jour répartis dans la journée, pendant 1 à 5 jours.
On signale également l'Intetrix efficace contre toutes les diarrhées et également dans l'amibiase, mais les deux autres médicaments sont les seuls efficaces dans les cas d'amibiase aiguë, chronique, intestinale ou hépatique.

Le choléra : maladie des pays à l'hygiène déficiente. La contamination s'opère par le contact direct avec un malade ou un cadavre, ou l'ingestion d'aliments ou d'eau souillée par leurs déjections. Comme indiqué dans le tableau, la vaccination n'est pas valable. La seule prévention efficace est la prise de **Fanasil** (3 comprimés à 0,5 g en 1 prise, à répéter éventuellement 15 jours plus tard si on se trouve toujours dans une zone à risque).

Il existe de nombreuses autres maladies exotiques (trypanosomiase ou maladie du sommeil, bilharziose – très répandue en Égypte, filariose, leishmaniose...) mais moins répandues, et chacun pourra éventuellement consulter un spécialiste des maladies tropicales afin de connaître les risques selon sa destination, sachant que de nombreuses maladies sont endémiques, c'est-à-dire qu'elles sévissent constamment dans un pays, telles que les dysenteries ou autres maladies diarrhéiques. En revanche, il sera utile à l'aventurier de savoir soigner certains symptômes, même s'il ne sait pas les relier à une maladie précise.

Principaux symptômes rencontrés en voyage

La diarrhée dite des voyageurs ou « turista » : elle atteint près de 50 % des voyageurs arrivant en zone tropicale. Cette « diarrhée d'acclimatation » a une origine discutée :

facteurs alimentaires, hydriques, climatiques, infectieux. On préconise alors une diète hydrique (avec fort apport d'eau), une alimentation par du riz, des féculents et un **traitement symptomatique : Imodium** (2 gélules à 2 mg après chaque selle). Si elle persiste, s'aggrave ou s'accompagne de saignements et de déshydratation, il faudra adjoindre un traitement anti-infectieux large : **Intetrix** (4 à 6 comprimés par jour). On évitera tous les plats épicés qui favorisent les hémorroïdes. Pour ces dernières, tous les excitants devront être supprimés : thé, café, épices et exercice physique.

Les fièvres : la plupart des grandes maladies exotiques peuvent en donner. On éliminera paludisme, fièvre jaune et hépatite, si on a pratiqué les préventions recommandées.
– Si **la fièvre est accompagnée de diarrhée,** il y a de fortes chances pour qu'elle soit due à un parasite intestinal type amibiase ou salmonellose, dont on viendra à bout avec un anti-infectieux large tel que **l'Intetrix** et une diète hydrique.
– S'il n'y a pas de diarrhée mais **des douleurs articulaires et des céphalées,** c'est-à-dire un syndrome ressemblant à la grippe, on pensera à une dengue (virus transmis par un moustique) et on suivra un traitement symptomatique.
Si on est perdu dans les suppositions, on prendra un antibiotique type tétracyline ou des sulfamides (Bactrim).

Les allergies alimentaires : là encore leur traitement est symptomatique (**Imodium** en cas de diarrhée, **Polaramine** en comprimés ou **Soludécadron** injectable selon l'intensité des phénomènes allergiques – démangeaisons, urticaire, malaise général.

Les mycoses : ce sont des infections provoquées par des champignons microscopiques. Elles sont très répandues dans les pays chauds, mais on peut en souffrir également dans les pays froids, dès que l'on transpire et qu'il y a macération au niveau des pieds le plus souvent. La prévention est à base d'hygiène : il faut rejeter tous les sous-vêtements ou chaussettes en matière synthétique (nylon, etc.). À part de très rares matériaux comme le Goretex, ces vêtements synthétiques empêchent en effet l'évacuation de la transpiration. Les sous-vêtements doivent donc être en fil ou en coton. **Il faut se laver une fois par jour** (pas plus) et **sécher soigneusement la peau aussi souvent que possible**. Les pieds sont le plus souvent atteints par des gelures entre les orteils. Certaines spécialités sont très efficaces contre ces champignons : **Phytex, Daktarin, Pevaryl, Jadit. Le sulfure de sélénium connu dans le monde entier sous l'appellation commerciale de Selsun** est très efficace et nous le conseillons à titre préventif, d'autant qu'il s'utilise comme un savon : il suffit de se laver deux fois par semaine avec ce liquide et de laisser agir 20 minutes avant de rincer pour diminuer considérablement les risques de mycoses.

Les MST : elles méritent une prévention très sérieuse dans les pays en voie de développement. On ne peut que conseiller la prudence la plus extrême concernant toutes les relations sexuelles avec des partenaires de rencontre. **Le seul moyen radical est le préservatif**.

Un mot de secourisme

Le bouche-à-bouche : concernant les méthodes de réanimation respiratoire, la seule et unique à retenir est le bouche-à-bouche.

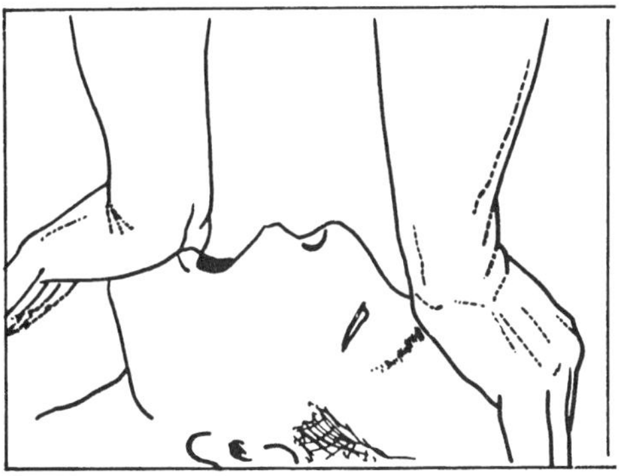

Ouverture de la bouche

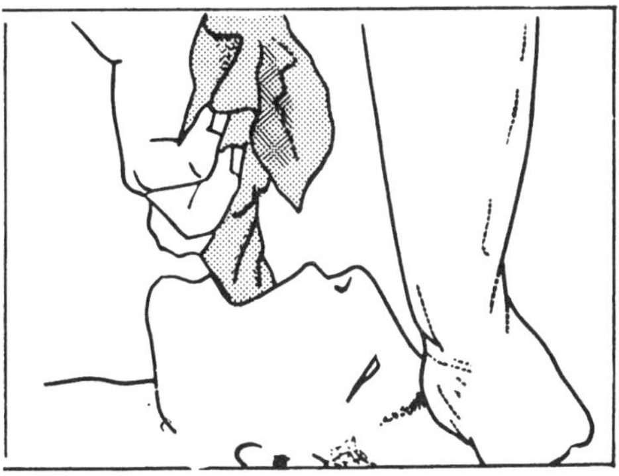

Nettoyage de la bouche

La mise en hyperextension de la tête d'un sujet inconscient évitera à ce sujet d'avaler sa langue. Il suffit pour cela de renverser la tête en arrière, en la maintenant en position à l'aide d'un objet quelconque, ou en disposant sous les épaules du sujet une branche, un sac, etc. Si le sujet respire spontanément, ce simple geste peut lui sauver la vie. S'il ne respire pas spontanément, on pratique le bouche-à-bouche dans la même position d'hyperextension.

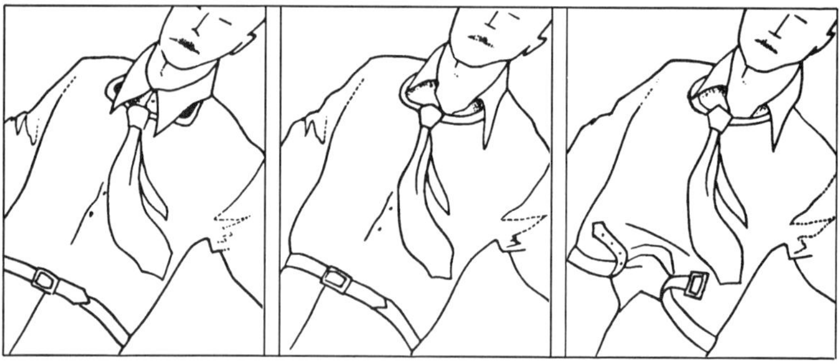

Cravate... *Col...* *Ceinture dégagée*

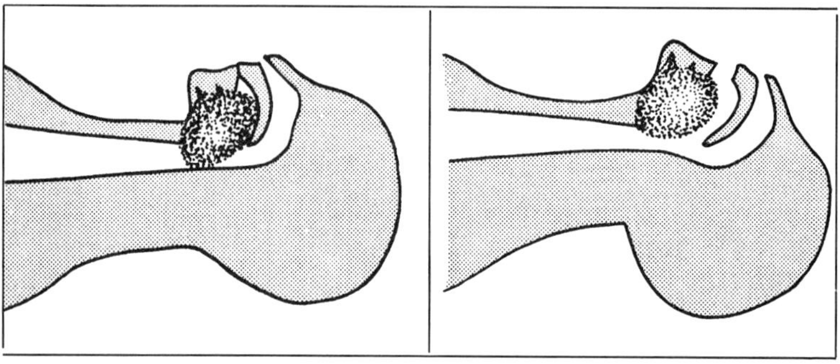

Voies aériennes obstruées *Voies aériennes dégagées*

Le massage cardiaque : après foudroiement, noyade, etc. Il est très simple à pratiquer et doit être fait impérativement sur un plan dur et alterné avec le bouche-à-bouche. Il faut appuyer très fermement avec les deux mains sur le sternum du sujet afin de comprimer le cœur entre le sternum et la colonne vertébrale. Le rythme est de 5 impulsions en environ 3 secondes alternées avec une insufflation. On décide de ce massage cardiaque quand il n'y a aucun pouls perceptible.

La position latérale de sécurité est la plus sûre pour un sujet inconscient, permettant tout à la fois un écoulement spontané des liquides hors de la bouche (noyade, vomissements, saignements, etc.) et une bonne stabilité du corps.

Les plaies : savoir recoudre une plaie doit relever du secourisme. N'importe quel médecin vous montrera comment faire. Si vous êtes démuni, une aiguille de couturière fera l'affaire. L'important est de fermer la plaie et de la désinfecter régulièrement.

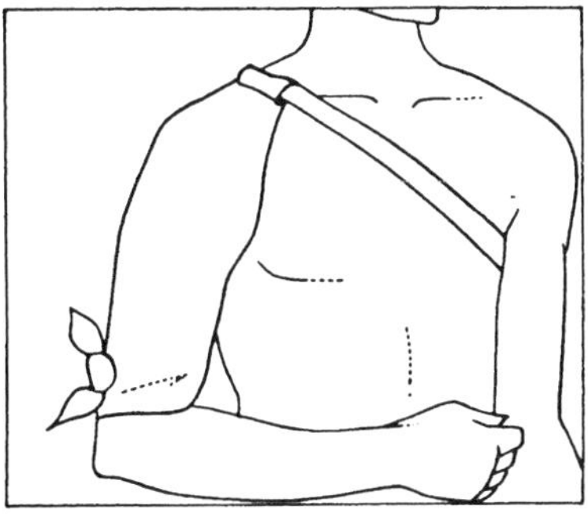

Emballage de l'épaule

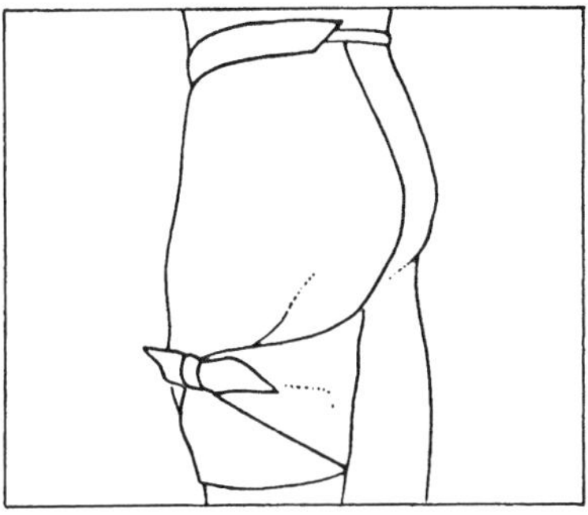

Emballage de la hanche

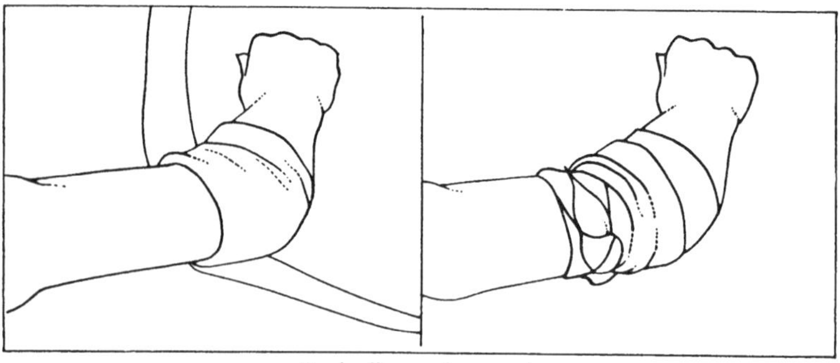

Emballage du coude

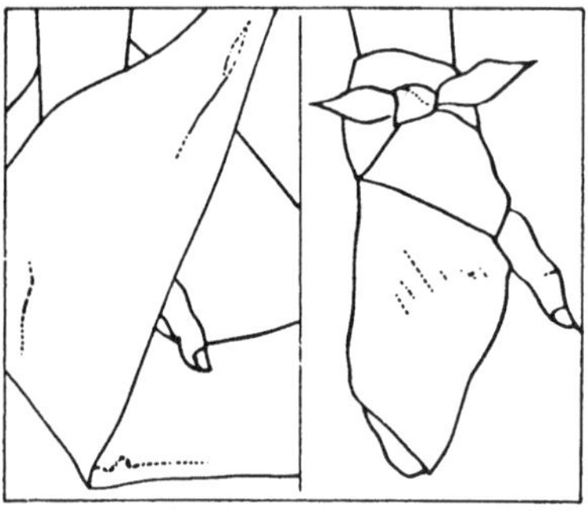

Emballage de la main

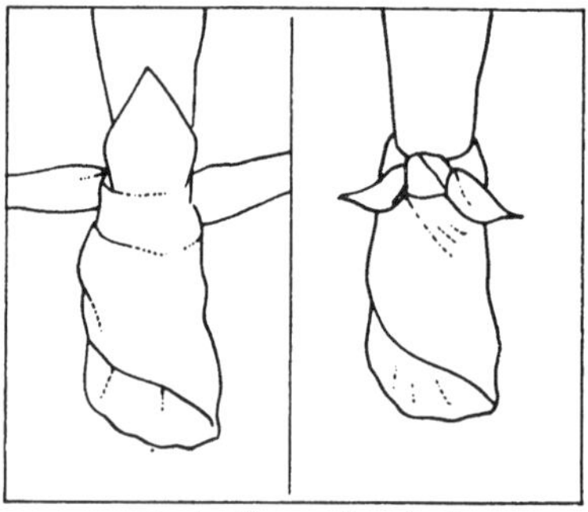

Emballage du pied

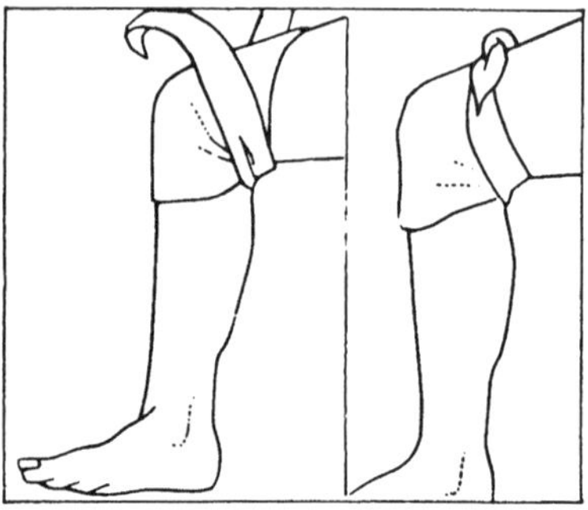

Emballage du genou

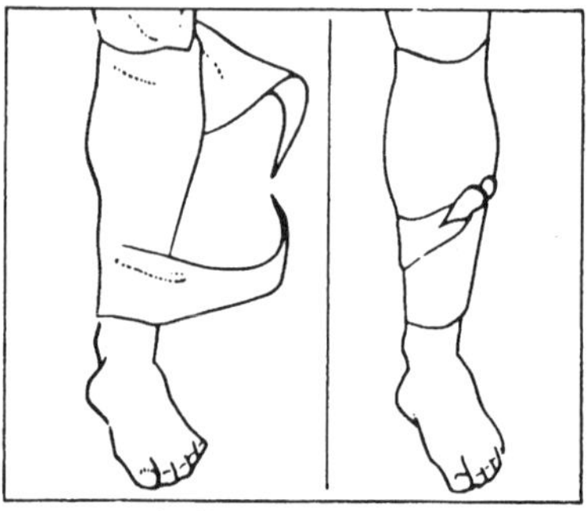

Emballage du segment du membre

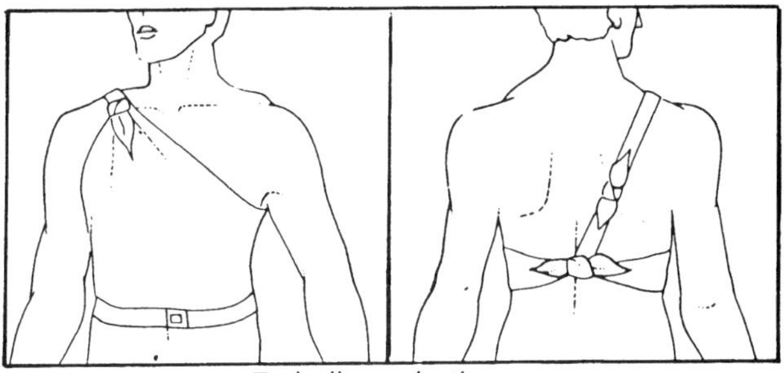

Emballage du thorax

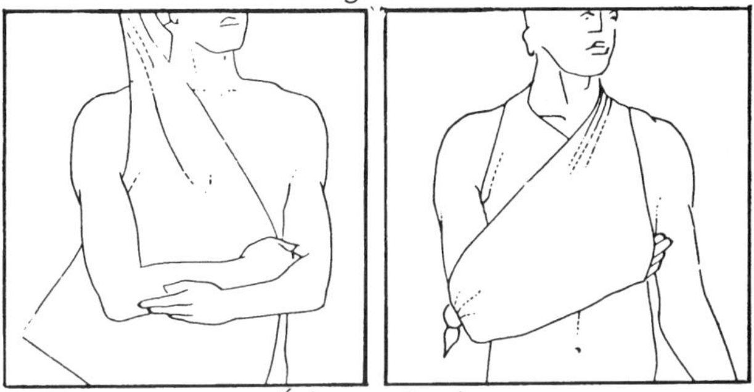

Écharpe simple

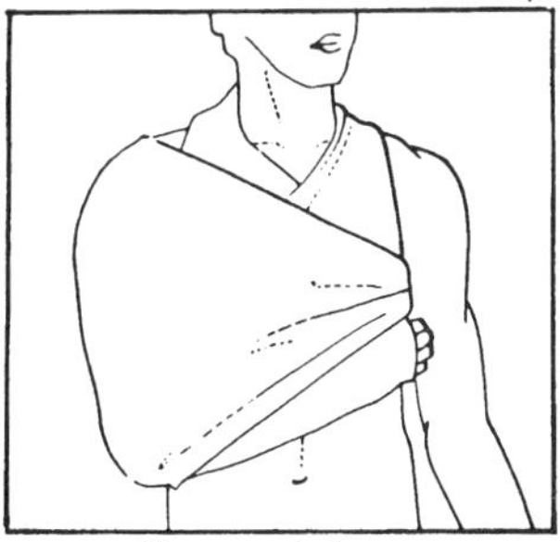

Contre-écharpe

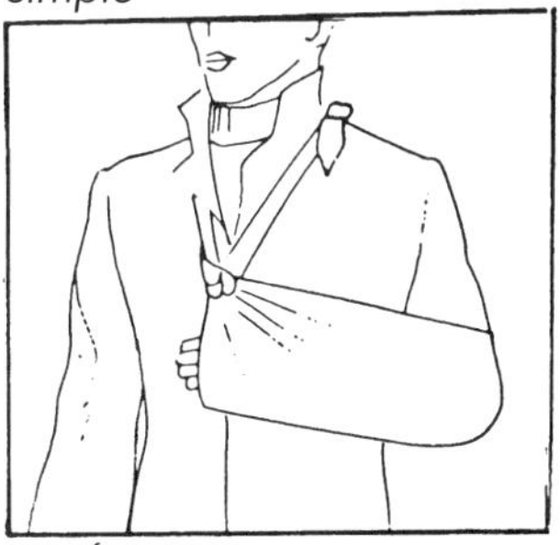

Écharpe improvisée

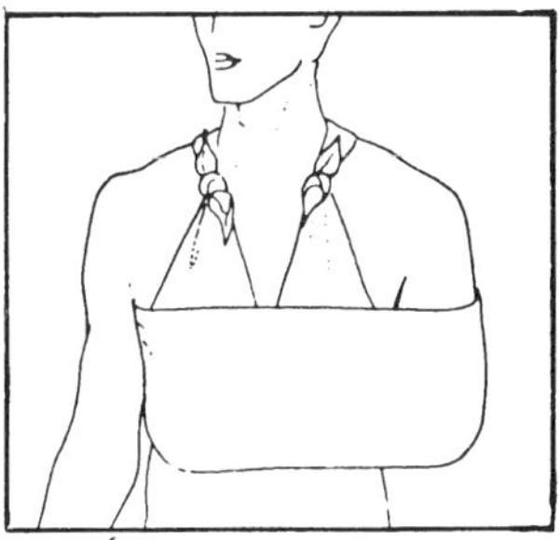

Écharpe de Mayor

La trousse médicale de survie

MÉDICAMENTS INDISPENSABLES OU TRÈS UTILES

Produits (appellation commerciale et chimique)	Action pharmacologique recherchée	Indications	Posologie et mode	Remarques
Soludécadron dexaméthadone	Corticoïde	Allergies, asthme, piqûres venimeuses, œdème, début de noyade, « MAM ».	Ampoules de 4 mg, jusqu'à 5 par jour en intraveineuse ou intramusculaire	Forme auto-injectable à usage unique très pratique
Aspégic 1000	Antipyrétique, antalgique, anti-inflammatoire	Grippe, dengue, infections fébriles, céphalées, bends, « MAM »	1 à 4 sachets maximum par jour	Prendre en sachet en zone très froide et au-dessus de 40 °C
Spasfon ampoule	Antispasmodique	Coliques néphrétiques, hépatiques et intestinales	1 à 5 ampoules par 24 h en IV ou en IM	Difficile à trouver à l'étranger. Pas de danger de surdosage
Valium 10 injectable	Sédatif, anxiolytique, anticonvulsivant	Douleurs, tout état d'excitation	4 à 8 IM ou IV par jour	Diminue la vigilance
Adrénaline 1 pour 1000 ampoule	Sympathométique	Piqûres venimeuses avec troubles cardiaques	1 IV, 5 maximum par 24 h	Médicament dangereux, à n'utiliser qu'en cas de troubles graves

Polaramine	Anti-histaminique	Allergies alimentaires, piqûres d'insectes	1 gélule matin et soir	Provoque l'assou-pissement
Lasilix ampoule	Diurétique	Coup de chaleur, insolations, « OAPHA », « OCHA »	1 ampoule en IM ou IV lente, ou 1 à 4 comprimés par 24 h	Médicament dangereux
Morphine ampoule	Antalgique puissant	Toutes les douleurs intestinales, fractures, etc.	1 ampoule en IM	Supprime la vigilance
Diamox comprimé	Diurétique	Prévention « MAM »	2 comprimés à 250 mg	
Xilocaine 2 % (flacon de 20 ml)	Anesthé-sique local	Anesthésie locale ou régionale	5 à 10 ml selon importance de la région anesthésiée	
Chlorure de calcium ampoule de 10 ml		Manifes-tations allergiques aiguës (animaux venimeux)	1 IV lente, 2 par jour maxi	Gluconate de calcium (moins concentré)
Célestène dragée et injectable	Corticoïde	« MAM », allergies urticaires	2 à 4 dragées par jour	
Calciparine	Anticoa-gulant	Morsures de serpent.	0,1 pour 10 kg de poids en sous-cutané	Prise sous-cutané abdominale recomman-dée

MÉDICATIONS UTILES OU DE MOINDRE URGENCE

Produits	Action pharmacologique	Indications	Posologie	Remarques
Collyre Atropine		Conjonctivite solaire	1 goutte toutes les 4 heures	Tous les collyres sont inutilisables 15 jours après l'ouverture
Collyre Uveline		Protection solaire	1 goutte toutes les 4 heures	
Lexomil 6 mg	Anxiolytique pur	Découragement, anxiété, tendance dépressive	2 à 6 mg par jour	Peut diminuer la vigilance en début de traitement
Lariam		Zone à paludisme	1 comprimé tous les 8 jours	Début : 1 semaine avant arrivée Fin : 3 semaines après le retour
Nivaquine		Zone à paludisme	1 comprimé 6 jours sur 7	Début : 1er jour dans le pays. Fin : 45 jours après le retour
Intetrix	Antiseptique	Toutes diarrhées.	4 à 6 gellules par jour	
Imodium		Diarrhée d'origine inconnue	2 gélules à 2 mg après chaque selle liquide	

Sacolène		« Turista »		
Flagyl	Antiamibien	Amibiase aiguë	6 à 8 comprimés à 0,250 en 2 à 4 prises 7 à 10 jours	
Fasigyne	Antiamibien	Amibiase	3 à 4 comprimés par jour à 0,5 g pendant 1 à 5 jours	
Bactrimforte		Infections respiratoires, urinaires et digestives (typhoïde)	2 comprimés matin et soir	
Orbenine		Idem + infections cutanées et osseuses	2 gélules à 500 mg matin et soir pendant 8 jours	Antibiotique à choisir en cas de furoncles
Vermox gélule		Parasitose intestinale	2 par jour pendant 3 jours À refaire 8 jours plus tard	
Marzine comprimé et suppositoire		Mal de mer, mal de l'air		Provoque la somnolence
Selsun (bouteille)	Sulfure de sélénium	Toutes mycoses	Tous les jours en curatif. 2 fois par semaine en préventif	Produit indispensable dans tous les pays chauds
Hemoclar		Gelures, hématomes		

Il existe également des kits prêts à l'emploi qui se trouvent dans les pharmacies ou les hôpitaux selon le type de voyage. À signaler également :

– **Les aspirateurs de venin.**

– **La teinture d'iode** pour désinfecter toutes les plaies et en particulier les morsures d'animaux et d'insectes.

– **Les produits pour désinfecter** l'eau type

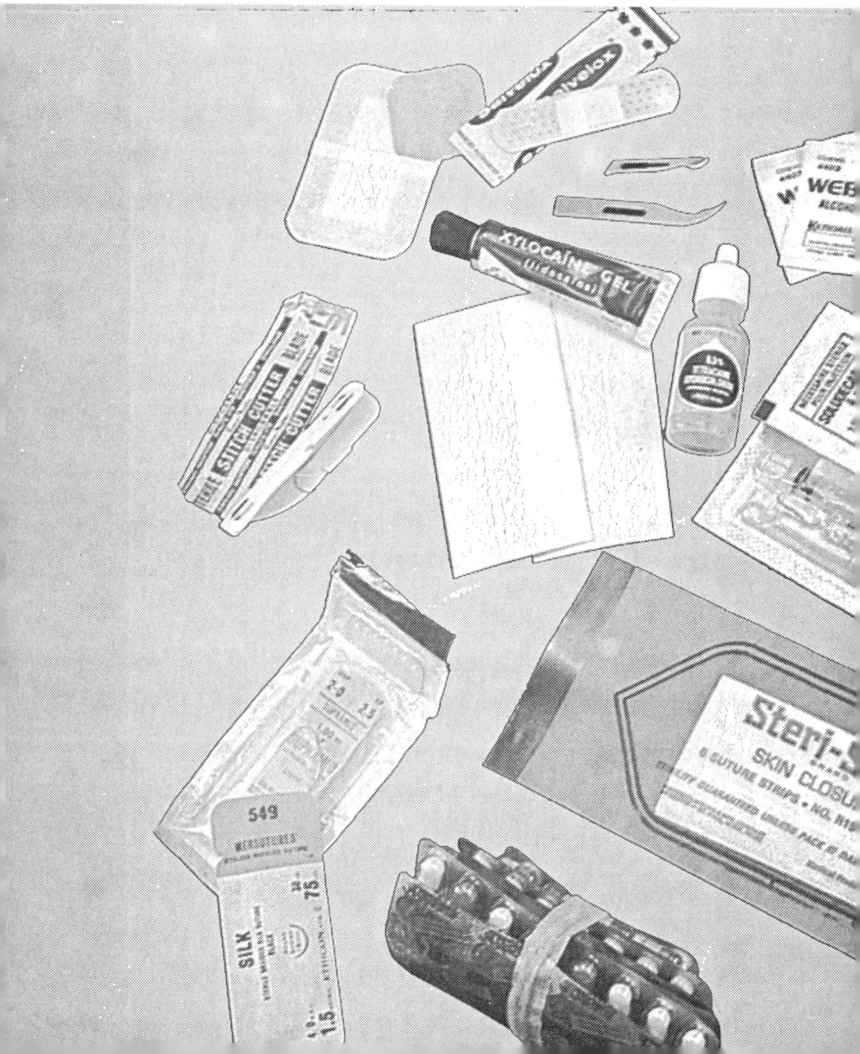

Micropure ou Hydroclonazone. Les pastilles sont à privilégier. Environ 15 € la boîte de pastilles pour désinfecter 100 litres d'eau.

Sans oublier sparadrap, aiguilles à suture, scalpel, pinces à dénuder, ciseaux, aiguilles qui peuvent être utiles pour des bricolages extra-médicaux (cette trousse, sans les médicaments, peut être achetée au BHV).

La trousse médicale

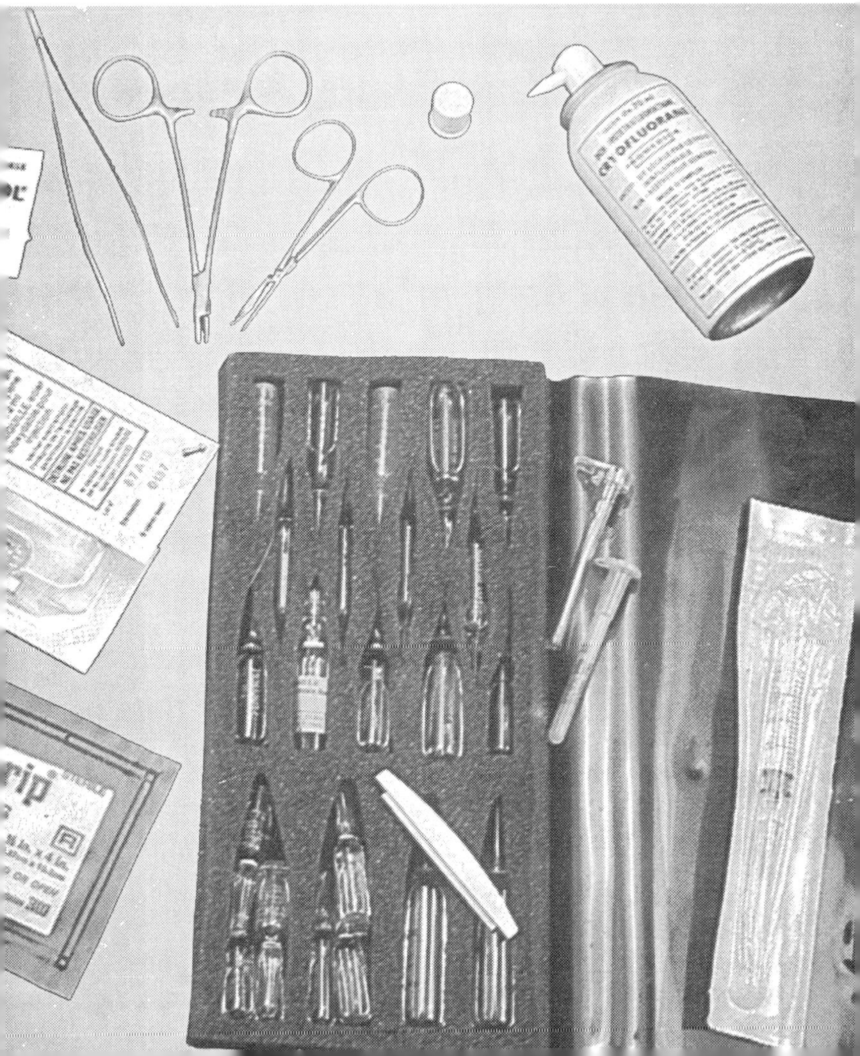

Deuxième partie

LES AGRESSIONS

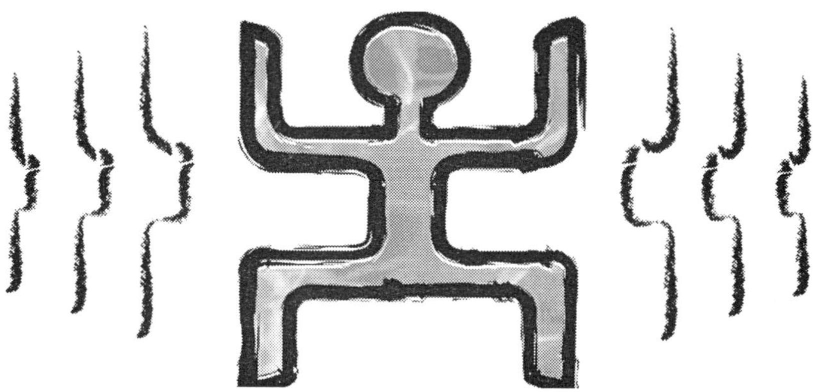

LE FROID

L'homme est homéotherme, c'est-à-dire que son organisme tentera, en toutes circonstances, de maintenir sa température centrale à 37 °C. Schématiquement et sous l'angle exclusivement calorique, on peut considérer l'homme comme formé d'un noyau central entouré d'une coque.

Le noyau central renferme les organes vitaux – cœur, reins et cerveau – et sa température doit rester idéalement à 37 °C, tout degré en plus ou en moins marquant l'amorce d'un déséquilibre. À l'inverse, la coque entourant ce noyau peut voir sa température varier dans de larges limites. Cette coque, qui sert de tampon entre le noyau et le milieu extérieur, se compose des membres avec tous leurs grands groupes musculaires, et des téguments, c'est-à-dire de la peau, depuis l'épiderme jusqu'aux plans profonds recouvrant les muscles ou directement les os du squelette. Le vecteur de communication entre coque et noyau est le sang.

L'acclimatement

Contrairement à ce que l'on pense souvent, les Esquimaux n'ont aucune aptitude physiologique particulière au froid, mais un comportement acquis par l'expérience qui suffit à leur survie. Ils se nourrissent de beaucoup de graisse de morse gelée et savent s'habiller. Nous sommes tous des Esquimaux en puissance, sous réserve que nous subissions les mêmes contraintes. **L'acclimatement au froid se mène comme un entraînement : progressivité, régularité, volontarisme, persévérance. Tout candidat aux expéditions en zones froides qui ne serait pas capable d'une telle autodiscipline serait à l'évidence, psychologiquement inapte.** Toutes les méthodes sont bonnes et pas forcément drastiques.

Les médecins militaires proposent comme préparation à la survie en eau froide une immersion quotidienne, sans autre paramètre de durée que la tolérance personnelle. Après 15 jours seulement, les signes d'un début d'acclimatement sont là :

– Augmentation de la durée du bain.

– Apparition retardée du frisson thermique et de douleurs dans les extrémités.

–Amélioration de la dextérité manuelle indispensable à la survie de l'alpiniste, mais aussi, dans certaines conditions, du plongeur sous-marin, aviateur, etc.

Il faut insister sur l'importance des exercices physiques d'endurance, type nage, cyclisme ou jogging qui, paradoxalement, sont un bon entraînement au froid : ils permettent en effet une véritable gymnastique vasculaire très comparable à celle qui permettra la survie.

L'immersion des extrémités dans l'eau glacée n'est pas seulement un test de sélection des personnes appelées à travailler en ambiance polaire, mais aussi un excellent entraînement vasomoteur, facile à réaliser chez soi.

L'alimentation en zone froide

Le froid étant très coûteux en calories, il faudra donc prévoir une ration alimentaire proportionnelle. Par le passé, on préconisait des rations hypercaloriques correspondant à 5 500 calories par jour et très riches en lipides. Aujourd'hui, à la suite des observations tant militaires que civiles, et en fonction d'un micro-climat très amélioré par les vêtements modernes, **on est revenu à des apports énergétiques plus modestes, de l'ordre de 4 000 calories par jour où les glucides représentent au moins 60 % de la ration, les lipides 25 à 30 % et les protides 10 à 15 %.** Les lipides seront plutôt consommés au repas du soir, à l'abri dans la tente, et les glucides préférentiellement pendant l'effort et l'exposition au froid. La consommation, le soir, d'un aliment riche en calories, comme les lipides, stimule le métabolisme, la digestion, augmente donc la température et ainsi les chances de dormir mieux.

Les besoins hydriques en zone froide

En règle générale, nous ne buvons pas assez et attendons le plus souvent d'avoir soif, sans savoir que cette sensation est en fait déjà un signal d'alarme, un signe de déséquilibre de l'organisme.
Contrairement à la croyance largement répandue, l'exposition au froid n'augmente

pas seulement les besoins énergétiques, mais aussi les besoins hydriques. **Il n'est pas question d'attendre la sensation de soif, car la déshydratation favorise la fatigue et l'hypothermie. Il faut boire beaucoup par temps froid, de préférence des boissons chaudes et par gorgées fréquentes.**
La quantité peut être de l'ordre de 4 litres en altitude et, dans le doute, il vaut mieux boire trop que pas assez.

ATTENTION ! Toute quantité d'alcool importante absorbée en zone froide est définitivement néfaste. Les calories qu'il apporte n'ont aucune qualité particulière. En revanche, il agit comme un toxique qui diminue beaucoup la résistance au froid.

Les facteurs individuels de résistance au froid

Nous avons le devoir, avant de partir dans une zone froide, de vérifier et surtout de faire contrôler que nous n'appartenons pas à une classe d'inadaptés, soit physiques, soit psychologiques, certains facteurs étant indépendants de notre volonté.

LE MÉTABOLISME

On a longtemps pensé que les variations, chez des sujets à entraînement égal, étaient dues à des différences de **vasomotricité, cette aptitude qu'ont les vaisseaux et en particulier**

les capillaires de la peau à diminuer ou augmenter leur diamètre.
Une explication plus séduisante est la prise en considération du métabolisme : le métabolisme dit « basal » n'est pas le même chez tous, de la même façon qu'il y a des gras et des maigres, des mous et des toniques. Le polymorphisme s'exerce dans tous les domaines, y compris celui du métabolisme.
C'est ainsi que l'on peut parler de sujets **exothermiques,** qui dégagent facilement une importante quantité de chaleur, et de sujets endothermiques, la chaleur qu'ils produisent restant dans le noyau.

L'ÂGE

Le tissu graisseux va en s'atrophiant avec l'âge, expliquant que les personnes âgées soient plus sensibles au froid puisque moins bien isolées.

LA FORCE PHYSIQUE

Il est évident qu'un individu sain et sportif, qui ne boit pas, ne fume pas et ne se drogue pas, sera beaucoup plus résistant à toute forme d'agression. Il faut souligner la nécessité, avant d'entreprendre un raid ou une expédition potentiellement risquée, de faire rechercher une affection latente.

LA PERSONNALITÉ

On sait que l'exposition au froid est un facteur aggravant les troubles caractériels

latents. C'est, en effet, le psychisme qui fait le premier les frais de l'agression thermique.
Par ailleurs, l'importance du « moral », de la force de caractère, de la volonté de tenir jusqu'au bout, est primordiale et donnera à ceux qui en sont dotés les meilleures chances de survie.
L'entraînement mental doit donc être présent avant le départ, au même titre que l'acclimatement physiologique.

Des recettes

DANS L'EAU

Rappelons qu'à **température égale, le refroidissement est 20 à 30 fois plus rapide dans l'eau que dans l'air sec, en raison de la conductibilité de l'eau.**
La croyance est très répandue selon laquelle il faut se donner de l'exercice quand on est naufragé afin de se réchauffer. Or une étude sérieuse du problème a été réalisée par Keatinge dont les conclusions sont définitives. Dans une eau à 20 °C, les résultats sont nets : la température baisse immédiatement chez celui qui s'agite.
En conclusion, si l'on ne dispose pas de canot de sauvetage, les conditions optimums de survie en immersion sont les suivantes :
– Être habillé au maximum.
– Avoir la nuque et la bouche maintenues hors de l'eau.
– Ne pas bouger.

À L'AIR LIBRE

Un abri est indispensable, au moins pendant les heures de sommeil.
– Un abri, même succinct, offrira une température toujours supérieure à celle de l'air ambiant.
– Il protégera du vent, ce qui est d'une importance déterminante quand on sait que, à égalité de température, le refroidissement peut être 10 à 20 fois plus important selon la vitesse du vent.

Sans protection valable et s'il fait vraiment très froid, **il faut résister à la tentation du sommeil.**

Les gelures

On ne peut parler de survie au froid sans réserver une place spéciale aux gelures. Elles surviennent le plus souvent chez un sujet en pleine activité physique ou psychique, le privant d'un seul coup de l'usage d'une main ou d'une jambe.
Il est donc vital de connaître, sinon le pourquoi de la survenue des gelures, du moins les moyens élémentaires pour les éviter, d'autant plus que leur mode d'apparition est insidieux, progressif, indolore. **Tout au plus sent-on quelques engourdissements avec une perte de sensibilité des extrémités. Ces simples symptômes doivent être considérés comme une sonnette d'alarme.**
La nécrose représentée par la gelure est due

en fait à l'action directe du froid sur l'eau de la cellule. Cette eau se congèle au cœur de la cellule. Nous savons déjà que tout ce qui fragilise la condition physique générale est un point d'appel aux gelures : alcoolisme, mauvais entraînement sportif, acclimatement insuffisant à l'altitude pour les alpinistes, déshydratation, alimentation insuffisante, mauvais équipement.

Il n'existe pas de médication orale préventive contre la gelure, tout tient dans la prévention par des mesures locales de protection de la thermogenèse.

L'ÉQUIPEMENT

La protection corporelle par des vêtements adaptés a été particulièrement bien étudiée et résolue dans les expéditions polaires et himalayennes. Ce matériel est d'autant plus efficace qu'il a un coefficient de conductibilité thermique plus réduit, garant d'une moindre déperdition calorique.

LA PRÉVENTION LOCALE

Nous avons dit qu'elle était la seule valable et les applications locales de substances grasses ont fait depuis longtemps leurs preuves. Ce n'est d'ailleurs pas la substance médicinale contenue dans la crème ou la pommade qui est déterminante mais, là aussi, le coefficient de la conductibilité thermique de la substance de base : lanoline, vaseline, saindoux. C'est le film

gras qui aura isolé la peau de l'atmosphère ambiante.
Cette protection locale n'est, bien sûr, pas une sécurité à toute épreuve, mais diminue nettement le risque de gelures. Les vieux « routards du froid » ont d'ailleurs bien observé que l'on a moins de chances de faire une gelure si la peau exposée au froid n'est pas lavée.

LE TRAITEMENT

Certaines méthodes folkloriques sont condamnables : la flagellation, par exemple, a gardé très longtemps la réputation de réchauffer la gelure par activation de la circulation locale. Autre méthode très en vogue : la friction par la neige. Elle aussi est plus dangereuse que bénéfique.
La peau et les tissus sous-jacents deviennent très fragiles par grand froid et tous les traitements « musclés » sont à proscrire définitivement.
La logique conduit tout naturellement à chercher à guérir la gelure par un réchauffement. Le réchauffement idéal à mettre en œuvre est difficile : il doit être réalisé à une température d'eau de 42 °C, ni plus ni moins. À 45 °C, c'est la brûlure. Au-dessous de 42 °C, des études ont montré que les résultats sont nocifs. Ce protocole rigoureux implique que l'on ait de quoi chauffer l'eau et surtout de contrôler les 42 °C avec un thermomètre. Dès que la température cutanée est revenue à 37 °C, on laisse la gelure évoluer spontanément, en la protégeant bien sûr, et en activant

normalement le membre concerné afin que cette gelure ne s'étende pas en amont. On se dispensera également de tout pansement compressif.
Ce traitement par réchauffement ne doit être entrepris que si l'on est persuadé de pouvoir entretenir le réchauffage jusqu'aux premiers secours.

Enfin, la noirceur des orteils ou des doigts ne signifiera pas forcément l'amputation totale lors du retour à la civilisation, car il n'est pas obligatoire que la gelure s'étende si on ne la soigne pas immédiatement et elle est toujours plus étendue en surface qu'en profondeur. Le seul danger de complication est le tétanos et l'infection.

L'engelure

Sans similitude véritable avec les gelures, l'engelure survient préférentiellement en atmosphère froide, **mais surtout lors d'une exposition prolongée à l'humidité.**
Rougeur, fourmillements ou douleur, œdème et érosion cutanée sont les signes cardinaux de cette affection. Le traitement consistera en un repos, jambes surélevées, chaussures et chaussettes enlevées : vous ne serez plus en mesure de les remettre en raison de l'œdème. Commencez donc par enlever les lacets en attendant le moment le plus opportun pour vous arrêter au moins 12 heures.

LE CHAUD

La chaleur pour un sujet nu en atmosphère normale commence à 28 °C , c'est-à-dire que dès 25 °C, l'organisme d'un sujet habillé commencera à consommer de l'énergie pour empêcher sa température centrale de dépasser 37 °C. Dès que l'adaptation circulatoire (la vasodilatation cutanée) s'est révélée insuffisante à maintenir l'homéothermie, ce sont les glandes sudoripares qui entrent en jeu.
À partir de 33 °C, le maintien de l'homéothermie ne se fait pratiquement que par l'évaporation de la sueur. Chaque goutte de sueur qui est évaporée provoque un refroidissement local qui empêche le revêtement cutané de monter en température. Il faut donc ventiler les zones les plus importantes comme le front, la tête et les membres supérieurs afin de favoriser l'évaporation et donc le refroidissement. En effet, 50 % de la sueur est par exemple éliminée par la peau du front. **Les coiffes protégeant de l'irradiation solaire devront donc être de couleur claire, à larges bords, et bien ventilées.**

L'acclimatement à la chaleur

L'ACCLIMATEMENT PASSIF

Passif car imputable à l'organisme lui-même, sans intervention de la volonté. Les adaptations bénéfiques et spontanées se mettent en place en 4 à 7 jours et **l'acclimatement spontané est complet au bout de 12 à 14 jours**. Pour favoriser ce processus, l'exposition à une ambiance chaude, une heure par jour, représente déjà une certaine efficacité.

L'ENTRAÎNEMENT

L'exercice physique est efficace de deux façons :

– Augmentation de la température interne, et donc mise en branle des mêmes mécanismes physiologiques que dans l'exposition à une atmosphère chaude.

– Gymnastique vasculaire dont l'influence est déterminante dans la régulation thermique au froid comme au chaud.

L'idéal est de pratiquer sur place pendant les quelques jours nécessaires à l'adaptation des exercices d'endurance progressifs (jogging...) sous des températures progressivement plus élevées (c'est-à-dire de plus en plus tard dans la journée).

Inaptitudes et accidents

L'ASTHÉNIE[3] À LA CHALEUR

Elle se rencontre surtout dans les pays chauds et humides (équatoriaux) et chez des Occidentaux mal acclimatés. Les symptômes

[3] Manquede force, de vitalité physique et psychique.

se traduisent par une asthénie importante, des céphalées, des nausées, une anxiété s'accompagnant souvent d'insomnies, une sudation importante, une fréquence respiratoire et cardiaque augmentée. L'évolution peut se faire vers une dépression.
Le traitement est simple : il consiste souvent à utiliser des vêtements mieux adaptés (clairs et amples), à dormir dans une atmosphère moins chaude et à s'arrêter quelques jours.

LA DÉSHYDRATATION

La déshydratation peut se faire de manière insidieuse chez un sujet qui ne boit pas, ou ne boit que lorsque la soif est intense. Il peut manquer de sels minéraux, omettant de compenser les pertes sudorales.
Les symptômes sont progressifs avec une perte de poids, le « pli cutané » : la peau pincée entre deux doigts garde le pli. Tachycardie, diminution du volume des urines qui deviennent foncées, sécheresse des muqueuses, crampes... **Le traitement consiste en une réhydratation et un apport de sel.**

L'ÉPUISEMENT DE CHALEUR (*HEAT EXHAUSTION*)

Il survient après un effort musculaire en zone chaude et humide. Il y a syncope parfois précédée de sueurs froides, nausées, pâleur, baisse de la tension artérielle, un pouls diminué et faible et surtout une **peau humide**, point essentiel pour le différencier du coup de chaleur. **Le traitement consiste tout simplement à cesser l'activité physique et à s'allonger dans un endroit moins chaud.**

LE COUP DE CHALEUR (*HEAT STROKE*)

C'est le seul accident qui peut être mortel. Il faut le prévenir pour ne pas avoir à le traiter. La température du sujet est alors toujours supérieure à 41 °C, voire 42 °C . Il est soudainement atteint de troubles psychiques, avec confusion mentale, obnubilation, coma et convulsion. **Sa peau est sèche et brûlante. Ce dernier point est déterminant à lui seul pour établir le diagnostic. La mort survient en 24 heures maximum. Le seul traitement est une réfrigération dans un bain à 4 °C sous peine de décès.**

Les recettes préventives

Il faut avant tout s'interdire le **tabac** et **l'alcool** qui défavoriseront la thermorégulation.

Il convient de porter les mêmes vêtements que ceux des ethnies locales. Plus l'humidité est élevée, plus ils doivent être amples et laisser passer l'air. L'idéal est de ne rien porter si l'on est à l'abri des insectes et de l'irradiation solaire. Les chaussettes devront être de fil ou de coton, les matières synthétiques favorisant la macération et les mycoses.

Finalement, il faut boire beaucoup (plusieurs litres par jour en fonction de la sudation) et souvent sans attendre la sensation de soif.

LES ANIMAUX

Animaux venimeux et vénéneux terrestres

La nuance est importante entre les animaux venimeux, c'est-à-dire munis de glandes sécrétant du venin injecté par des piqûres ou morsures, et les animaux vénéneux, dont l'ingestion empoisonne par la présence d'une substance toxique contenue dans un ou plusieurs de leurs tissus. Un animal venimeux n'est pas forcément vénéneux et peut alors être consommé sans inconvénient (c'est le cas des serpents et de plusieurs poissons). Un animal peut être à la fois venimeux et vénéneux.

LES ARACHNIDES

Les scorpions : il en existe 1 000 espèces différentes, dont une douzaine seulement est dangereuse qu'on rencontre en Afrique du Nord et en Amérique, et **5 dont la piqûre est mortelle :** *Androctonus australis* (Sud algérien et Tunisie), *Leiurus quinquestriatus* ou scorpion jaune (Afrique du Nord, Sahara, Égypte, Israël), *Centruroides noxius* (Mexique), *Centruroïdes infamatus* (Arizona) et *Tityus serrulatus* (Brésil).
La glande à venin n'est pas située à la base de la queue, mais dans le dernier anneau, renflé, en forme de vésicule et muni d'un aiguillon

effilé. **Les venins sont presque exclusivement neurotoxiques et la mort survient par paralysie respiratoire.** Le scorpion laisse une cicatrice punctiforme. La plupart des piqûres de scorpions sont sans gravité et le traitement sera en général symptomatique à base d'antalgiques et d'antihistaminiques. Mais pour les scorpions mortels, il existe des sérums mono ou polyvalents comme pour les serpents, et il vaut mieux se rendre à un poste de secours pour être traité.

Les araignées : parmi les 200 000 espèces connues, une centaine est considérée comme dangereuse et une dizaine comme mortelle.

– **La veuve noire** (*Lactrodectus mactans*) est la plus venimeuse. Petite araignée à pattes fines ne dépassant pas 1,5 cm de longueur, elle est toujours noire, avec ou sans tache rouge, blanche ou jaune. On la trouve partout en zone tropicale. Elle provoque des contractures musculaires, des sueurs, un encombrement bronchique, une forte asthénie : la mort survient rarement.
– **Les mygales :** velues et de grande taille, elles sont très agressives. Elles ne vivent que dans les régions chaudes, dans les arbres ou dans les cavités du sol. Leur morsure peut être mortelle.
– **Les ctènes ou phonentria** sont très agressives et de petite taille. Elles vivent en Amérique du Sud et leur venin peut tuer en quelques heures.
– **Les tarentules** sont plus impressionnantes

par leur dimension et leur pilosité que par leur toxicité. Elles se rencontrent en Amérique tropicale. Leur morsure est très douloureuse mais pas mortelle et peut occasionner une nécrose[4] importante des tissus.
– **Les loxosceles** provoquent des accidents graves au Pérou, en Amérique du Nord et même en Europe. Leur venin provoque des nécroses parfois très délabrantes.

Une araignée ne pique pas. Il en résulte une observation très précise pour déterminer l'origine d'une piqûre ou d'une morsure nocturne : toutes les envenimations par araignées s'accompagnent au niveau de l'inoculation de **deux marques bien distinctes correspondant aux points de pénétration des chélicères, les « crochets ».** Pour le traitement, les principes sont les mêmes que pour les serpents, avec une action efficace du calcium intraveineux.

Les tiques : une seule espèce est potentiellement mortelle et on la retrouve dans la jungle de l'Est australien uniquement. Elle peut véhiculer des fièvres tropicales qu'un spécialiste seul est capable de diagnostiquer. Vous ne devez pas arracher les tiques mais les brûler (avec une cigarette) ou les recouvrir de teinture d'iode.

LES MYRIAPODES

Mieux connus sous le nom commun de **mille-pattes**, ces arthropodes sont composés

[4] Nécrose : gangrène.

d'anneaux portant chacun une ou deux paires de pattes. Quelques spécimens sont réputés mortels comme la *Scolopendra gigentea* des Philippines. Leur morsure occasionne de fortes douleurs et des réactions inflammatoires sévères. Le traitement sera symptomatique : antidouleur et anti-inflammatoire. La seule façon de s'en débarrasser est d'attendre qu'ils partent d'eux-mêmes ou de les y aider en les poussant dans le bon sens.

LES INSECTES

Ils sont particulièrement nombreux en zone tropicale.

Les moustiques peuvent transmettre des maladies (paludisme, fièvre jaune, etc.), mais c'est surtout l'accumulation de leurs piqûres qui est souvent insupportable, provoquant des démangeaisons et un inconfort permanent. Les moustiques ne sévissent pas que dans la jungle ou les marécages : **il vaut toujours mieux prévoir leur présence où que l'on aille.**

Les abeilles avec leur dard à usage unique, **les guêpes, les bourdons** et **les frelons** avec leur dard qui reste solidaire de l'insecte, prêt à piquer à nouveau, sont des insectes regroupés sous le nom **d'hyménoptères.** Ils se rencontrent bien sûr en Europe ainsi que sous les tropiques où leurs variétés sont innombrables et leur taille nettement plus grande. Après une piqûre, la plaie doit être désinfectée, le dard expulsé si besoin, et les signes généraux éventuels traités par des antihistaminiques, des corticoïdes, du gluconate de calcium.

Les fourmilières sont très nombreuses sous les tropiques et chaque fourmi mesure couramment 2 à 3 cm. On trouve des fourmis venimeuses dans la plupart des régions tropicales qui peuvent occasionner des brûlures intenses : il faut alors surélever le membre piqué. Ne pas bivouaquer sur leur parcours !

PRÉVENTION

Avant le départ, il convient de se renseigner sur les espèces d'hyménoptères et d'arachnides susceptibles d'être rencontrées dans les zones où l'on se rend, et se munir des ampoules injectables, comprimés, lotions comme les répulsifs anti-moustiques efficaces, conformes aux recommandations du ministère de la Santé : Insect Ecran 5/5 Tropic et la gamme Repel Insect (cf. Médecine sans médecins).

Pour les allergiques aux hyménoptères, tous ceux qui en Europe ont des réactions anormalement importantes aux piqûres de guêpe, abeille et frelon, il existe un protocole de désensibilisation pour acquérir une réaction normale aux piqûres.

Sur le terrain, on sera couvert au maximum. Pour les bivouacs, on aura de vraies moustiquaires, solides et à petites mailles, imprégnées de répulsifs. Il existe également des kits d'imprégnation que l'on peut emporter et utiliser sur des moustiquaires qui ne sont pas pré-imprégnées. Ne pas oublier les crochets adhésifs pour accrocher la moustiquaire partout. On évitera de fréquenter les repères favoris des arthropodes : marécages dans la jungle, zones caillouteuses et encaissées dans le désert, buissons isolés. On éclairera devant soi pour les déplacements de nuit. On examinera soigneusement le matin les chaussures et les vêtements, repère privilégié des scorpions et de certaines araignées.

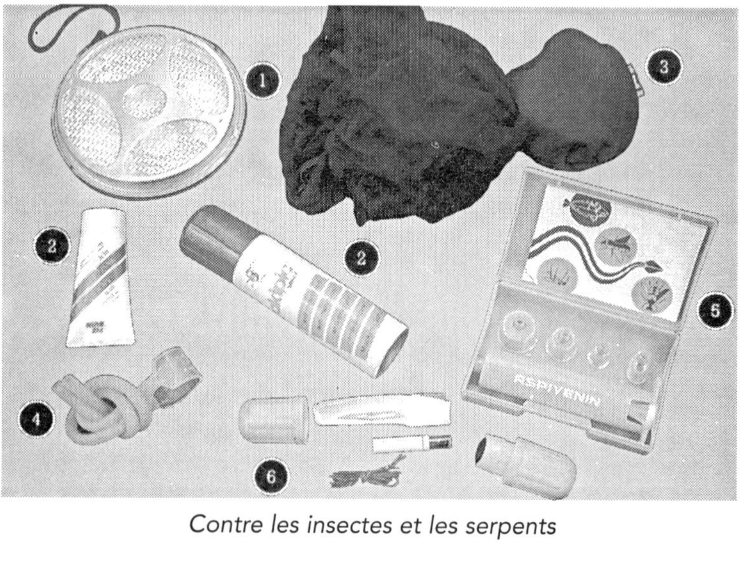

Contre les insectes et les serpents

1 – Les serpentins insecticides.
Pour la nuit dans un lieu sans vent.
2 – Répulsifs en tube ou spray.
À appliquer sur la peau directement.
3 – Moustiquaire capuche
4 – Un garrot.
5 – Seringue aspirante
6 – Kit de poche comprenant ventouses aspirantes, scalpel, antiseptique et cordon pour garrot.

Animaux aquatiques dangereux

LES BATRACIENS

Ce sont des animaux venimeux passifs car ils ne disposent pas d'organes spécialisés afin d'inoculer leur venin qui peut être très toxique. Ces batraciens, grenouilles ou crapauds, se rencontrent en jungle et ils peuvent être mortels rien que par leur contact. **Il ne faut surtout pas manipuler de petits batraciens en jungle, et ne manger que les gros, dont on aura d'abord enlevé toute la peau.**

Tous les animaux marins venimeux ou vénéneux que nous allons maintenant évoquer sont plus particulièrement propres à un écosystème bien précis, celui des **bords de mer tropicaux** d'une manière générale.

MÉDUSES ET PHYSALIES

Elles possèdent des cellules urticantes pour paralyser leurs proies. Tout nageur ou plongeur régulier a de très fortes chances d'entrer en contact avec elles au moins une fois dans sa vie avec des conséquences souvent désagréables. Les cellules urticantes déchargent le venin dans la victime à l'aide d'un aiguillon. Les piqûres de méduses occasionnent une vive douleur et peuvent parfois provoquer des signes plus alarmants qui nécessiteront une prise en charge rapide.

Les méduses : elles ont une apparence gélatineuse et translucide, une forme de cloche sous laquelle se cachent bouche et tentacules. Certaines espèces sont très dangereuses, en Australie particulièrement. Il ne faut donc jamais plonger en eaux tropicales sans combinaison légère. C'est la seule protection possible contre les animaux et coraux venimeux.

Les physalies : appelées aussi « vessies de mer », elles sont très abondantes dans les mers chaudes. Elles sont redoutables par leur transparence qui les rend peu visibles et constituent un réel danger. Elles se déplacent souvent par bancs importants, et se baigner est alors impossible. Le contact est ressenti comme un coup de fouet, suivi d'une sensation de brûlure. Si la surface de contact est importante, on peut être victime de collapsus et de troubles respiratoires.

Traitement et prévention : en zones tempérées, les méduses ont une toxicité réduite sans signes généraux.
En eaux tropicales, le seul remède préventif est de ne jamais plonger sans gants ni vêtement. En cas d'envenimement, le traitement est là encore à base de corticoïdes, de gluconate de calcium et d'antihistaminiques. Il ne faut pas inciser la plaie, ni chercher à la faire saigner, ni la sucer pour aspirer le venin. Les plaies doivent être nettoyées sans frotter à l'eau de mer jusqu'à la disparition des symptômes. La plaie sera ensuite séchée puis enduite d'anesthésiques locaux, de cicatrisants ou de corticoïdes. On nettoiera ensuite les lésions quotidiennement puis on les enduira de lotion antiseptique.

LES CÔNES

Il s'agit de mollusques gastéropodes avec une coquille spiralée aux couleurs chatoyantes. **Plusieurs espèces sont très dangereuses, dotées d'un véritable harpon qu'elles projettent en avant et qui inocule un venin très toxique sur le plan local et général.** La mort peut survenir en quelques heures, à l'issue de paralysie respiratoire, d'arrêt cardiaque ou d'œdème de la glotte. Il est donc impératif d'explorer les plages ou les atolls avec des chaussures. Sans ces protections, il faut surveiller chacun de ses pas. Parmi les coquillages, ils sont les seuls venimeux.

Rappelons en revanche que **tous les coquillages peuvent être vénéneux.** En survie, il faut être très prudent parce qu'il n'existe pas de moyen de déceler si un coquillage est toxique ou non. Il faudra les goûter, après les avoir fait bouillir, par quantités croissantes.

LES POULPES

Les poulpes sont des mollusques sans coquille, encore appelés pieuvres, munis de longs bras armés de ventouses. Ils sont comestibles et non venimeux sauf le *blue ring octopus* qu'on rencontre sur la Grande Barrière australienne, redoutable au contact.

LES POISSONS

Il existe 250 espèces de poissons venimeux, soit par leur salive à l'occasion d'une morsure, soit le plus souvent par des épines venimeuses sur leurs nageoires. **Ces poissons se rencontrent principalement dans le Pacifique et l'océan Indien.**

Stone-fish **ou poisson-pierre :** comme son nom l'indique, il est doué du mimétisme le plus parfait qui fait qu'on le prend véritablement pour une pierre. Ce sont ses épines dorsales qui inoculent le poison. La douleur est très vive, syncopale. Il peut y avoir des complications cardio-respiratoires et des nécroses autour de la plaie. La mort survient rarement. Le traitement consiste à tremper la zone touchée dans de l'eau à 55 °C , l'idéal étant d'utiliser le sérum « anti-stone-fish ».

Les poissons-scorpions ou ptéroïs : poissons avec des couleurs exceptionnelles, des zébrures, des épines venimeuses aussi longues que nombreuses.

Les rascasses : moins venimeuses que les poissons-pierres, elles sont plus fréquentes. Les blessures qu'elles provoquent peuvent également se nécroser.

Les raies : il en existe 300 espèces qui ne sont pas toutes dotées d'un aiguillon venimeux. Les raies n'attaquent jamais l'homme, mais celui-ci peut marcher sur l'aiguillon ou en être victime en plongée, la raie étant dissimulée sous le sable.

Les poissons porc-épic ou diodons : ne dépassent pas 50 cm, se gonflant comme des ballons. Ils se rencontrent dans toutes les eaux tropicales peu profondes. Ils sont vénéneux et non venimeux. Leur consommation est donc à rejeter : elle fait 200 morts par an au Japon.

Il faut en général se méfier de toutes les morphologies ou couleurs sortant de l'ordinaire.

Le barracuda ressemble à un brochet et peut atteindre 2 m. On le rencontre souvent en plongée ou en apnée, mais il n'attaque jamais le premier. Il ne faut cependant pas garder avec soi des poissons blessés car le sang attire les barracudas. La gravité de la plaie occasionnée par sa morsure est à la mesure de ses nombreuses dents solidement implantées et très pointues.

La murène verte et tigrée, est également un hôte habituel des grottes et anfractuosités côtières. La murène n'attaque que pour se défendre. Elle inflige alors des morsures sévères qui se surinfectent toujours. Elle vit dans les mers tropicales et tempérées chaudes.

DANGERS DIVERS

Les varans : ce sont de grands reptiles carnivores de 2 à 3 m dont il reste quelques spécimens en Afrique et en Asie, en particulier sur l'île de Komodo en Indonésie.

Le crocodile marin : atteignant une tonne, mesurant 7 m , il peut happer sa proie à 1,5 m de hauteur à l'issue d'une approche sous-marine de plus de 100 m. **L'alligator et le caïman** désignent le même crocodilien pouvant atteindre 5 m et ne vivant qu'en Amérique. Il noie toujours sa proie avant de la cacher sous l'eau pour la dévorer ultérieurement. Le seul moyen de s'en sortir si on est happé par un tel monstre est de s'agripper à tout ce qui évitera l'immersion. Sa mâchoire ne mâche pas mais écrase ses proies et ses muscles ne fonctionnent que dans un sens : celui de la fermeture (une corde entourée autour de la gueule fermée d'un crocodile suffit à le neutraliser).

La « ciguatera » : c'est une intoxication par des poissons ayant mangé des algues microscopiques qui parasitent certains coraux. Ils sont ainsi contaminés par la toxine contenue dans les algues et sont mangés à leur tour par des poissons carnivores de plus grande taille... L'homme se contamine alors en ingérant la viande de ces poissons carnivores et développe des troubles cliniques importants : vomissements, diarrhées, chute de tension, troubles neurologiques, douleurs articulaires et musculaires.

Cette maladie doit être connue et certains principes permettent de survivre dans une zone contaminée où on ne peut manger que du poisson :

– Il faut éviter les gros poissons carnivores.
– Il y a moins de risques de consommer des poissons venus du large (thons, bonites) que des gros prédateurs des récifs coralliens.
– Consommer uniquement les poissons pêchés

sur la côte de l'île qui est située sous le vent.
– Ne manger que les filets en éliminant les viscères et les organes génitaux en premier.

Poisson ou serpent ? On peut sortir de l'eau après avoir été piqué ou mordu, ressentir des signes généraux alarmants et se demander quel est l'animal en cause. Sachez qu'une piqûre de poisson est suivie d'une forte douleur locale, alors qu'une morsure de serpent de mer est indolore. Par ailleurs, les piqûres de poissons sont beaucoup plus fréquentes que les morsures de serpents, mais ces dernières sont très graves si l'envenimation est franche.
Le venin de serpent marin est très toxique et la mort est fréquente en l'absence de traitement. Les zones où l'on risque d'en être victime sont les suivantes : **l'océan Indien, le Golfe persique, la mer de Chine, le nord de l'Australie, toutes les îles asiatiques**. Il existe du *sea snake antivene* fabriqué en Australie à emporter si on se propose de marcher, nager ou plonger régulièrement dans les eaux côtières abritant cette redoutable espèce.

Les serpents

Les serpents, encore appelés **ophidiens**, sont des squamates comme les lézards, c'est-à-dire qu'ils sont recouverts d'écailles ayant la particularité de se renouveler périodiquement (les mues). Lors de la mue (tous les mois environ pendant la vie active), le serpent se débarrasse de sa peau. Si l'on est amené à manger du serpent, sa peau sera arrachée en un seul morceau. Seule la tête n'est pas recouverte d'écailles, mais de plaques (sentelles) et l'incision devra donc se faire au-dessous du cou.

Il existe 2 700 espèces de serpents dont 200 sont dangereuses pour les mammifères, l'homme en particulier. Ce sont des poïkilothermes, des animaux à sang froid, dont la température varie, en fait, selon le milieu. Leur activité est d'autant plus faible que la saison est plus froide. Au-dessous de 10 °C, ils tombent en léthargie. Ce premier facteur est à retenir dans le cadre de la prévention :
– Dans les **régions tempérées d'Europe**, on ne risque pas de morsures des vipéridés en hiver puisqu'ils hibernent.
– Dans les **régions tropicales** et particulièrement en savane, les serpents subissent un phénomène analogue dû cette fois à l'élévation de la température, et à la réduction de l'humidité : c'est **l'estivation** qui correspond à la saison sèche. En Afrique, par exemple, on a peu de chance d'être mordu à cette époque, mais il faut être très vigilant dès le début de la saison des pluies.

Leur rythme d'activité n'est pas seulement saisonnier mais aussi journalier. Il y a plus de chances de tomber sur telle ou telle espèce à certaines heures de la journée.

Leur odorat : chez les serpents les fosses nasales ne sont pas fonctionnelles. C'est leur langue qui leur tient de nez. Donc, si un serpent qui vous fait face vous tire la langue, n'y voyez pas forcément les prémices d'une attaque, mais seulement le désir de vous identifier.

Leur ouïe : les serpents sont sourds, ils ne perçoivent que les basses fréquences et les moindres vibrations arrivant par le sol.

Leur vue est assez médiocre sauf celle des najas (cobras) et de la plupart des espèces arboricoles (vivant dans les arbres).

Les serpents peuvent localiser à distance n'importe quel animal à sang chaud grâce à leurs **fossettes loréales**. C'est un organe qui leur permet de détecter des variations de température de 0,2 °C . La sensibilité de ces récepteurs infrarouges fait que l'obscurité n'est pas une protection contre les serpents.

L'Asie est le paradis des serpents : c'est la seule zone où toutes les familles sont représentées. En revanche, on ne trouve aucune espèce venimeuse dans les lieux suivants : **Guadeloupe, Cuba, Haïti, Jamaïque, Porto Rico, Madagascar, Corse, Irlande, Nouvelle-Zélande, Islande, Polynésie**.

RÉPARTITION GÉOGRAPHIQUE
LISTE DES PRINCIPALES ESPÈCES VENIMEUSES ET HABITAT

Famille	Espèces	Habitat
Hydrophidés (serpents marins)	*Enhydrina schistosa* *Hydrophis cyanocinctus* *Hydrophis belcheri*	Asie Golfe persique, Nouvelle-Guinée Mer de Timor (Australie)
Élapidés	Bungare Mamba vert Mamba noir Sepedon, serpent cracheur Serpent corail ou arlequin Cobra indien, serpent à lunettes Serpent cracheur, cobra à cou noir Vipère de la mort Taïpan Serpent tigre	Asie du Sud-Est Afrique Subsahélienne Afrique du Sud Afrique du Sud Amériques Afrique, Inde, Asie du Sud-Est, Ceylan, Chine du Sud, Malaisie Afrique Australie Australie Australie

Vipéridés	Vipère du Gabon Vipère à cornes Vipère d'Avilenne Vipère écailles scie Vipère des sables Vipère aspic Vipère peliade, vipère du Nord Vipère heurtante Vipère du Levant Vipère d'aboia ou de Russel Vipère d'Orsini	Afrique Afrique Afrique Tchad, Afrique du Nord, Inde, désert du Neguev Europe, Asie Europe Europe Afrique Europe, Afrique Afrique, Asie Asie, sauf Taïwan
Crotalidés	Mocassin Malayan pit viper Urutu Waraca Crotale Mabu Vipère fer de lance ou Vipère trigonocéphale Serpent à sonnettes des prairies Serpent à sonnettes des bois Rushmeister	Amérique du Nord Asie (Japon) Amérique du Sud Amérique du Sud Amérique Asie Mexique, Martinique, Amérique du Sud, Antilles Amérique Est des États-Unis Amérique du Sud

IDENTIFICATION

Quand on est victime d'un serpent, il est pratiquement impossible de réussir à le nommer. Mais être capable de déterminer s'il s'agit d'un cobra ou d'un vipéridé sera très utile pour déterminer le traitement à appliquer. Voici certains grands critères d'identification :

Selon les dimensions générales

– Un serpent très long, plus de 5 m, est inoffensif sur le plan venimeux, mais il est capable quand même de mordre à la manière d'un chien.
– Un serpent de très gros diamètre (anaconda) est également considéré comme inoffensif sur le plan venimeux, mais tout de même dangereux car susceptible d'étouffer ; il vaut mieux accrocher sur soi une bonne aiguille quand on se promène dans une région à risque, l'animal relâchant son étreinte dès qu'il est piqué.
– Un serpent même inférieur à 20 cm peut être dangereux car il peut s'agir d'un jeune d'une espèce venimeuse.
– Un serpent à la fois long et suffisamment gros pour dépasser 15 kg n'est jamais venimeux.

Selon les écailles

– Une règle grossière permet de considérer que plus le nombre d'écailles est grand au niveau de la tête, plus le risque est grand.
– La forme des écailles est également évoca-

trice : des écailles carénées à la façon d'une coque de bateau retournée sont synonymes de danger potentiel.

Selon le mode de progression

La plupart de vipéridés ont une progression rectiligne et non ondulatoire. Les vipères « cérastes » se déplacent latéralement, en ne prenant appui que par deux points écartés.

Selon le mode d'intimidation (ou position d'attaque)

– Les najas (cobras) dressent verticalement le tiers antérieur de leur corps, courbant la tête en arrière presque à angle droit et gonflent leur cou en étalant leur « coiffe ».
– Les vipéridés, en général, se lovent, ployant leur cou en *S*, tout en soulevant sur un plan horizontal la partie antérieure de leur corps au-dessus du sol. La détente est alors très brutale et rapide. Aussitôt après s'être projeté en avant, le serpent ouvre sa bouche et bascule ses maxillaires, projetant ses crochets, juste avant le contact avec l'adversaire.
– D'autres serpents gonflent leur cou en inspirant une grande quantité d'air qu'ils refoulent dans la trachée tout en fermant la glotte.
– Certaines espèces émettent des bruits d'intimidation. Ainsi la vipère de Russel émet un sifflement lorsqu'elle est irritée. D'autres soufflent et émettent aussi un crissement caractéristique en frottant l'une contre l'autre leurs écailles carénées.

Toutes ces attitudes sont les prémices d'une attaque imminente et il faut donc les connaître, même si l'on ne reconnaît pas l'espèce en présence.

LA MORSURE

La compréhension du mécanisme de la morsure des serpents est, avec la connaissance générale de leurs mœurs, la clé d'une prévention intelligente et, en cas de morsure, le seul moyen de bien peser les chances que l'on a de s'en tirer. Ici, nous parlerons donc des serpents venimeux et non des serpents types boa ou anaconda qui sont aussi potentiellement dangereux, mais qui ne mordent pas. Selon les symptômes ressentis après une morsure, on peut déterminer le type de serpent :

– **Douleur locale très forte avec choc secondaire pour les vipéridés (vipères, crotales).**
– **Pas de douleur forte au siège de la morsure mais paralysie progressive pour les élapidés et les hydrophidés (cobras, mambas, serpents marins).**

Classification selon la denture

Cette classification permet de déterminer si un serpent est venimeux ou non.

Peu ou pas venimeux

Les aglyphes ne possèdent pas de crochets mais seulement de petites dents fines et pointues. Ils sont inoffensifs. C'est le cas de la majorité des **colubridés (couleuvres), des pythons, des boas, des anacondas**... Ils ont une pupille ronde et une queue longue et pointue.

Les opistoglyphes ont, eux, des crochets mais leur disposition à la partie postérieure du maxillaire supérieur les rend peu dangereux. Cet ordre concerne une partie des **colubridés**.

Venimeux

Les solénoglyphes sont les serpents types **vipéridés, vipères et crotales** (vipérinés et crotalinés). Ils ont des crochets mobiles en avant du maxillaire. Leur tête est triangulaire. Ils ont une grande aptitude pour le camouflage. Ils sont tellement sûrs de l'efficacité de leur venin qu'ils lâchent la proie après la morsure. Leur venin est assez fort.

Les protéroglyphes, type **cobras**, ont des crochets fixes et implantés à la partie antérieure du maxillaire supérieur. Ils sont très venimeux et comprennent deux familles :
– **Les serpents terrestres** (élapidés) : cobras, mambas, etc. Ils ont une tête de forme ovoïde, ils ne possèdent pas de fossettes loréales. Les cobras ont une coiffe caractéristique. Il est à noter que certains de ces élapidés ont la particularité d'envoyer à distance un mélange de salive et de venin. Ce sont les « cracheurs ». Ce jet peut aller jusqu'à 4 m et se répéter une douzaine de fois. Ils ont l'instinct de viser les yeux occa-

sionnant de très vives douleurs, et des lésions allant jusqu'à la cécité.
– **Les serpents marins** (hydrophidés) : ils sont les plus dangereux de tous les serpents. Les caractéristiques physiques sont les mêmes que pour les élapidés. Ils possèdent en outre une queue aplatie en forme de nageoire dans le sens vertical.
Dans cet ordre, l'animal ne lâche pas sa proie après la morsure. Leur pouvoir venimeux est **très fort**.

En moyenne, un homme meurt en l'absence de traitement en 2 à 7 heures après la morsure d'un cobra, jusqu'à 24 heures, même 48 heures, après la piqûre d'une vipère et parfois 10 minutes après avoir été mordu par un mamba vert.

TRAITEMENT

Le traitement sophistiqué du milieu hospitalier ne sera pas abordé, même s'il constitue l'idéal. Nous allons voir comment traiter les morsures en situation de survie.

Le garrot : son action a pour but de retarder la diffusion du venin et de favoriser le saignement au niveau de la morsure. La pose du garrot doit être la plus rapide possible ; elle est inutile après une heure. Il est nécessaire que le garrot soit large mais pas trop serré. Il doit être enlevé au bout d'une heure.

La sérothérapie : le traitement par sérum est le traitement de choix dans les envenimations graves. À chaque zone correspond un **sérum**

polyvalent contre la plupart des espèces qui y sévissent. Il devra être de fabrication récente et transporté le plus souvent possible entre 0 °C et 5 °C . Le sérum doit être injecté en sous-cutané, d'autant plus rapidement que l'espèce en cause est dangereuse. L'application de la sérothérapie présente plusieurs difficultés ou risques. Il faut savoir injecter correctement le produit à la fois pour minimiser les risques d'allergies et pour assurer l'efficacité du sérum : maîtriser les techniques d'injections sous-cutanées et en intramusculaire et se renseigner sur les méthodes les plus appropriées. Il faut donc bien se préparer avant de partir dans une zone à risque.

La succion-aspiration permet d'éliminer des quantités importantes de venin si elle intervient immédiatement, freinant la diffusion et ramenant le venin à la surface de la peau.

L'immobilisation : le but recherché est d'éviter ou de freiner l'accélération de la circulation qui ferait diffuser plus rapidement le venin par l'immobilisation, non seulement locale mais générale. En effet, l'exercice musculaire augmente considérablement la circulation et donc la progression du venin. Après une morsure, il faut donc s'allonger immédiatement en position semi-assise afin de mieux respirer et ne plus faire que les stricts mouvements nécessaires. Si l'on a la chance de disposer d'un moyen de locomotion pour se rendre dans un centre de secours, le membre devra être préalablement immobilisé comme pour une fracture.

Il faut aussi modérer l'effet du stress qui à lui seul peut augmenter le débit sanguin dans de très grandes proportions. Toute prise d'alcool est également à interdire, pour les mêmes raisons.

En cas de projection de venin dans les yeux, sachez que seul celui des cracheurs est toxique. Il faut alors laver abondamment les yeux à l'eau.

Médicaments utiles : tous les injectables sont les mêmes que ceux préconisés pour les piqûres d'araignées, d'insectes, de scorpions ou autres animaux venimeux :
– L'adrénaline qui traite les chocs dus au venin et les chocs en cas d'allergie au sérum.
– Le gluconate de calcium et les corticoïdes.
– La vitamine C pour son action détoxicante, anti-infectieuse et désensibilisante.

PRÉVENTION

Avant le départ : il faut s'informer sur les espèces susceptibles d'être rencontrées auprès des ambassades, mais surtout auprès des herpétologistes du Jardin des Plantes de Paris ou les instituts fabriquant les sérums. Il convient de se munir d'une trousse médicale bien fournie (cf chapitre sur la médecine). Ne pas oublier le sérum polyvalent et être équipé, puisque plus de 50 % des morsures de serpents atteignent les membres inférieurs, de bottes de cuir montantes.

Sur le terrain, il faut éviter le couchage à risque. Le couchage en hamac reste le meilleur moyen de s'isoler des animaux rampants.

Chose peu connue, les serpents sont très sensibles aux produits toxiques présents dans les bombes insecticides (Baygon...). Il suffit d'une dose minime dans la tente pour entraîner la mort du serpent.

En présence d'un serpent, il convient de **mesurer l'imminence de l'attaque**, sachant que les serpents sont en général fuyards et qu'ils ne mordent que s'ils sont attaqués. **S'ils attaquent, il faut courir,** car la majorité des serpents est incapable de suivre un homme courant normalement. Si on se trouve surpris par un serpent à courte distance, il y a deux comportements à éviter : bouger et parler.

En cas de morsure, il faut démarrer immédiatement le traitement et tenter d'identifier la famille en cause par l'analyse des premiers signes. Il ne faut pas s'affoler car morsure ne veut pas forcément dire envenimation obligatoire. Il y a **envenimation dans 50 % des cas** et même en cas d'envenimation la dose injectée n'est pas toujours suffisante pour provoquer une intoxication générale et la mort (50 % des cas également).

Les requins

GÉNÉRALITÉS

Les requins sont de redoutables prédateurs. Ils ont un habitat extrêmement vaste, des grandes profondeurs à la surface, des récifs au grand large, du Groenland à la

Tasmanie, des estuaires à certains lacs d'Amérique. Partout où l'homme s'aventure, sur et sous la mer, il peut le rencontrer. Sur 250 variétés de requins, une douzaine seulement est officiellement intégrée dans le groupe des « mangeurs d'homme ».

REQUINS RÉPUTÉS DANGEREUX

Appellation	Couleur	Taille-poids	Zones	Caractéristiques
Grand requin blanc	Gris bleu, ventre blanc.	Jusqu'à 6 m	Monde entier Afrique du Sud, Amériques, Australie, Nouvelle-Zélande.	Le plus dangereux de tous les prédateurs marins.
Requin-marteau	Gris olive, ventre blanc	Jusqu'à 6 m	Tous océans, eaux tropicales et subtropicales.	Tête aplatie en forme de marteau.
Requin mako	Bleu foncé, ventre blanc-crème.	Jusqu'à 4 m et 1 050 livres.	Tous océans surtout chaud.	Queue en croissant, nageur très rapide, peut bondir hors de l'eau.
Requin-tigre	Gris bleu avec barres plus foncées, ventre blanc.	Jusqu'à 6 m 1 550 livres.	Monde entier eaux tropicales et subtropicales.	Souvent près des côtes.
Requin-taureau	Dos gris ventre blanc	Jusqu'à 3 m.	Partout et dans toutes les eaux.	Aime les eaux peu profondes. Remonte loin les fleuves.

Requin bleu	Dos bleu brillant, ventre blanc.	Jusqu'à 4 m et 500 livres.	Toutes mers tempérées, très répandu en haute mer.	Insensible à la douleur. Mange n'importe quoi.
Requin Citron	Dos jaune brun en général, ventre blanc.	Jusqu'à 3,30 m.	Atlantique ouest, Pacifique sud, océan Indien Caraïbes.	Nageoire caudale caractéristique très allongée.
Grey Nurse	Gris vert, ventre clair.	Jusqu'à 4 m.	Atlantique, Pacifique est.	Moustaches devant narines. Peau douce au toucher. Nageoires dorsales égales.

La taille des requins n'est pas proportionnelle à leur danger. Contrairement à ce que l'on pourrait penser, ce ne sont pas les requins les plus gros qui sont les plus dangereux. Le requin-baleine mesurant 15 m est complètement inoffensif alors que le requin-tigre ne mesurant qu'1,80 m peut dépecer un homme.

Les requins ne sont pas très résistants : ils sont relativement fragiles au choc à cause de leur disposition anatomique interne très particulière. En effet, les organes ne sont pas tenus en place par des ligaments mais sont libres dans la cavité abdominale. Ceci explique pourquoi les dauphins font partie des principaux ennemis des requins car ils n'hésitent pas à se lancer à pleine vitesse contre eux, les perforant de leur museau pointu au niveau de l'abdomen.

Leur système de monture des dents est unique dans le règne animal. Il dispose d'au moins 5 jeux de réserve derrière le jeu fonctionnel du moment. Les mâchoires du requin sont donc redoutables et même chez l'animal mort, elles restent un danger potentiel suffisant pour que l'on se méfie. Une mâchoire découpée et posée sur le rebord d'un bateau risque de se refermer brutalement !

Leur système sensoriel est d'une efficacité exceptionnelle, ce qui en fait un animal parfaitement adapté à son milieu.
L'organe le plus sensible est l'ouïe, les sons se déplaçant en effet très vite dans l'eau. L'olfaction vient en second lieu. Ce sens est particulièrement développé chez les requins, leur permettant de détecter l'odeur du sang à de grandes distances.
Outre une vue particulièrement adaptée au milieu aquatique, le requin possède trois détecteurs sensoriels exclusifs faisant de lui un chasseur très doué :
– « **La ligne latérale** », qui agit comme un détecteur de déplacement percevant le moindre courant dans l'eau. C'est un peu le radar du squale.
– « **Les cryptes sensorielles** » réparties sur toute la surface du corps, principalement au niveau de la tête. Ce sont des cellules sensibles aux variations de salinité. Ainsi, une violente

chute de pluie provoquera une baisse de la salinité le long des côtes par ruissellement. Cette baisse attire les requins qui peuvent alors se nourrir des débris d'animaux charriés par les rivières.
– « **Les flasques de Lorenzini** » qui sont des organes sensibles aux changements de température, aux différences de pression, etc.

PRÉVENTIONS

Il faut d'abord savoir que les requins sont imprévisibles, donc dangereux. Il n'y a pas de recettes miracles pour s'en protéger à coup sûr. La majorité des attaques interviennent à moins de 150 m du rivage.

Sur le plan géographique, on peut considérer que dans les deux hémisphères, les latitudes supérieures à 45° sont un gage de sécurité.

Nager la nuit dans une mer « à risques » est nettement plus dangereux. En effet, les squales ont une vision moins bonne la nuit et ils n'hésitent donc pas à « goûter » tout ce qui bouge. Il semble aussi que les requins chassent préférentiellement du crépuscule à l'aube.

Certains facteurs influencent le comportement des squales et il faut donc en tenir compte pour éviter les attaques :

– Éviter de porter des maillots ou combinaisons bariolés car les requins sont sensibles aux contrastes clair-foncé qui excitent leur curiosité. Il faut donc s'efforcer de porter des vêtements unis et de couleur mimétique. Dans la majorité des cas, les combinaisons de plongée noires sont les plus sûres, mais dans certaines régions, comme au large de la Californie, où les squales ont l'habitude de manger des lions de mer, la ressemblance du plongeur avec cet animal pourra inciter les attaques. **Il faudra donc avant de plonger bien se renseigner sur les mœurs des requins que l'on pourrait éventuellement rencontrer.**

– **Les requins détectent** le sang à de longues distances : il faut donc éviter d'accrocher à sa ceinture des poissons blessés. On évitera également une mise à l'eau si l'on a une blessure, même légère. Les femmes ne se baigneront pas en période de menstruation.

– Il faut éviter de se baigner **après les fortes pluies**, surtout à proximité de l'embouchure d'un fleuve pour les raisons vues précédemment.

– À bord d'un canot, même en bois, on évitera de jeter quoi que ce soit par-dessus bord, et on gardera jambes et bras à l'intérieur de l'embarcation.

Tous les contacts avec les requins sont considérés dans les statistiques comme des attaques, dès lors qu'il y a eu blessure. Il semble, en fait, que toutes les morsures ne soient pas dictées par la faim, mais souvent par la curiosité, le besoin d'identification d'un « objet » qui attire l'attention.

Sous l'eau, **l'imminence** d'une attaque est décelable chez de nombreux requins qui font alors ce que l'on appelle une « **danse**

d'exhibition » : ils se cambrent très fortement dans le sens latéral, rapprochant considérablement la tête et la queue d'un côté puis de l'autre : c'est un dandinement très caractéristique.

L'ÉQUIPEMENT « ANTI-REQUINS »

Il n'y a évidemment pas d'armes absolues. Les expériences ont démontré qu'un morceau de requin en putréfaction suffisait à écarter tous les requins des parages. En fait, c'est une substance chimique contenue dans la chair en putréfaction, **l'acétate d'ammonium** qui donne dans l'eau de l'acide acétique les repoussant. Il existe donc des « **sacs répulsifs** » ou ***shark chasers*** qui laissent infiltrer très lentement un mélange équivalent. Ces sacs doivent faire partie de l'équipement de survie maritime. Mais il faut les utiliser à bon escient, seulement lorsqu'on est sûr d'un danger imminent, car ils ne sont utilisables qu'une fois et pour quelques heures seulement. Attention, certaines espèces particulièrement agressives ne sont pas sensibles à cette défense, comme le grand requin blanc.

Il existe **toutes sortes d'armes et de gadgets** à l'efficacité variable. Il faut souvent bien connaître l'anatomie du requin et savoir maîtriser ces armes pour être sûr de leur entière efficacité. Un entraînement s'avère alors nécessaire. Notons également qu'ils détestent tous les détergents (shampoing, lessive, etc.) ainsi que les courants électriques même très faibles.

Enfin, les requins recherchent en général la nourriture facile, et quelque bons coups sur le museau peuvent les faire partir. Quelques coups de poignard bien placés dans les yeux ou dans les ouïes suffisent souvent à éloigner l'agresseur.

Troisième partie

LES MILIEUX

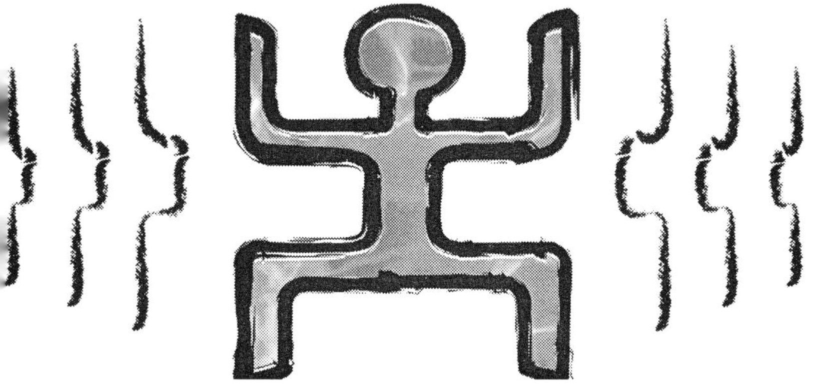

LA MER ET LES NAUFRAGES

Généralités

L'image de l'homme seul dans l'immensité de l'océan, perdu sur un frêle esquif, sans vivres et sans eau, est la hantise de beaucoup de gens. Est-ce réellement l'image de l'antichambre de la mort, le début d'un purgatoire terrestre à l'issue inexorablement fatale, au terme de souffrances atroces ? Non ! **La condition du naufragé est, sans doute, la plus représentative des situations limites, la plus fréquente aussi puisqu'elle guette non seulement le skipper et son équipage, mais aussi le pilote d'avion et ses passagers.** Les très nombreux exemples de survie apparemment extraordinaires sont là pour nous obliger à analyser le pourquoi et le comment, démolir une foule d'idées reçues qui ont tué des centaines de milliers de naufragés, accueillir enfin avec sérénité l'éventualité d'un naufrage. Notons à ce sujet que 90 % des naufragés meurent au terme d'une durée de seulement trois jours, alors qu'il faut beaucoup plus de temps pour mourir de faim ou de soif. La survie est possible, car elle ne dépend que de notre réflexion, notre organisation, notre force morale, notre agressivité contre les éléments contraires, et surtout des connaissances que nous aurons acquises.

En fait, il faut bien retenir qu'**il n'existe pas de mer statique**. Marées, brises, vents dominants, tempêtes, courants chauds, froids, ou de surface, sont autant de vecteurs de déplacement, autant de raisons de ne jamais désespérer, de ne jamais croire que l'on va rester indéfiniment dans une zone sans faune, sans bateaux, sans précipitations, sans île ou continent. On peut dire qu'il n'existe pas d'engin flottant qui, tôt ou tard, ne regagnera pas la terre ferme. La survie du naufragé devra durer le temps nécessaire pour rejoindre une côte ou être recueilli.

Matériel maritime

Les combinaisons de survie sont obligatoires à bord des bateaux de commerce et de pêche, assurant une flottabilité et un isolement thermique remarquables. Il n'est pas question, pour un pêcheur, de travailler vêtu d'une telle combinaison, et le problème revient alors au temps nécessaire pour l'enfiler. Il est facile de s'entraîner à un tel exercice avant le départ. La combinaison Helly Hansen, type 303, est un vêtement sec comprenant : cagoule, gants, bottes intégrées. Le tissu est composé d'une couche PVC, d'une feuille métallisée, d'une épaisseur de taffetas polyamide et de renforts aux endroits critiques. La combinaison flotte spontanément, suffisamment pour soutenir un adulte tête hors de l'eau, et elle comporte en plus une vessie externe de trente litres, gonflable automatiquement ou à la bouche, hissant le naufragé nettement au-dessus de l'eau. **Avec une telle combinaison, le temps de survie est de 18 heures dans de l'eau à 0 °C**. Sans combinaison, le temps de survie est de l'ordre de vingt minutes dans les bons cas et pour un sujet habillé... En outre, chaque combinaison comprend un sifflet en plastique, une drisse de liaison d'1,30 m, un harnais incorporé avec boucle pour le hissage, un sachet de fluorescéine, un stick lumineux cyanure (marquage de nuit), et assure une protection remarquable contre l'incendie.

Il est **élémentaire de disposer à bord de tout bateau de haute mer d'un équipement de plongée**. Comment dégager autrement qu'avec un tel équipement l'ancre coincée par 30 m de fond sous une chaîne dans un port, ou dans le fond coralien d'un atoll perdu en plein Pacifique ? Comment changer rapidement une hélice perdue, cassée ou tordue ? Comment colmater une voie d'eau, décoincer un safran ? L'apnée est souvent insuffisante pour aller assez vite, et impossible pour travailler au-delà de 15 m. Certains skippers prétextent l'économie de poids et de volume pour ne pas « s'encombrer » d'un tel matériel, mais que sont 35 kg supplémentaires sur un voilier de plus de 10 tonnes ?

La pompe « sea gold », d'origine américaine, coûte environ 1 000 €. C'est l'outil révolutionnaire dont personne ne parle, qui offre pourtant une capacité de filtration manuelle de plus de 200 litres d'eau de mer, ce qui équivaut à plusieurs semaines de survie.

Comment s'approvisionner en eau

FAUT-IL BOIRE DE L'EAU DE MER ?

Vieux débat qui a été dominé pendant des siècles par les récits de mort atroce à laquelle s'étaient condamnés tous ceux ayant essayé. Il semble, en fait, que l'on ne puisse être aussi définitif et que l'ingestion d'eau de mer soit bénéfique sous certaines conditions. Si l'on tient compte de diverses expériences, dont la plus connue est celle du docteur Alain Bombard, on en arrive aux principes suivants :

– **L'ingestion d'eau de mer doit se faire avant la survenue de la soif**. Une fois réunies les conditions où l'on se résout à en boire (absence de réserve d'eau douce et pas de perspective de pluie prochaine), l'ingestion doit correspondre au maximum au besoin quotidien en sel, soit environ un demi-litre par jour pour une eau de mer à 35 grammes de chlorure de sodium par litre.

– **L'ingestion doit être fractionnée en une dizaine de prises quotidiennes de deux ou trois gorgées**.

– **Elle doit être limitée à cinq ou sept jours maximum en prise continue,** sous peine de dépasser les limites fonctionnelles rénales. Si, après ce laps de temps, on a réussi à se procurer de l'eau potable à partir de poissons, tortues, algues ou pluie, on pourra reprendre cette ingestion fractionnée pour un second cycle de cinq à sept jours.

Si l'on dispose d'un peu d'eau douce au départ, il existe des variantes possibles, sans changer les principes fondamentaux précédemment exposés :
– **Il faut consommer cette eau sans trop la faire durer,** sous peine d'aborder déshydraté la période d'ingestion d'eau de mer.
– On peut utiliser d'abord cette eau douce exclusivement, ou bien **alterner** un jour d'eau de mer et un jour d'eau douce.
– Pour sa part, Thos Heyerdal, en 1947, avait ajouté 30 à 40 % d'eau de mer à l'eau douce dont il disposait.
Tous ces cas de figure permettent d'attendre les quelques jours au terme desquels on aura toutes les chances de pouvoir pêcher.

D'après certaines expérimentations, l'eau de mer n'augmenterait pas l'espérance de survie, mais rallongerait considérablement le temps durant lequel le naufragé garde son équilibre hydrique. **Sans eau d'aucune sorte, la déshydratation est régulière et sans rémission ; elle aboutit à la perte de conscience vers le troisième jour, et à la mort entre le septième et le huitième jour. Avec ingestion d'eau de mer, l'hydratation reste normale pendant environ sept jours**, et la mort survient également vers le huitième ou neuvième jour. Mais le point capital est la **conservation d'une conscience parfaite durant sept jours**. Ce laps de temps est déterminant pour s'organiser, pour se signaler aux éventuelles recherches. Il est évident que ces durées peuvent être raccourcies sous une canicule implacable, mais la consommation d'eau de mer retardera tout de même la perte de conscience.

LES POISSONS

Beaucoup de ceux qui parviennent à pêcher se privent de poissons sous prétexte qu'ils manquent d'eau. Adapter son alimentation en fonction des réserves d'eau est un bon principe, mais les poissons font partie des aliments qui contiennent une grande proportion d'eau (60 à 80 % selon les espèces). En fait, on peut extraire **jusqu'à 450 ml d'eau par kilo de poisson**.

Dans un premier temps, le poisson est vidé, et ses masses musculaires découpées en petits cubes à la façon des Polynésiens. Il suffit ensuite d'enfermer ces cubes dans n'importe quel linge ou vêtement que l'on presse en le torsadant (il vaudrait mieux utiliser une chemise plutôt qu'une serviette éponge !). Une autre manière, réservée aux poissons de grande taille, consiste à pratiquer sur la face dorsale des incisions successives en longueur allant jusqu'aux masses musculaires. On tient ensuite le poisson horizontalement jusqu'à ce que les incisions se transforment en rigoles pleines de liquide. Celui-ci est recueilli dans un récipient, meilleur moyen de ne pas en perdre une goutte. L'opération ne peut être pratiquée sur la face ventrale qui ne contient pas de muscles, mais des viscères à fleur de peau.

Les poissons recèlent encore trois autres sources de liquides :

– Les yeux contiennent 90 % d'eau
– Le liquide céphalorachidien (de la tête ou de la colonne vertébrale) est facile à recueillir sur les gros poissons : il suffit de couper la colonne vertébrale près de la queue, et de retourner ensuite le poisson au-dessus de la bouche. Comme chez tous les vertébrés, ce liquide est pur et limpide.
– Il est encore possible, chez les gros poissons, d'aspirer le liquide contenu dans chaque vertèbre, après les avoir écrasé entre les doigts.

L'EAU DE PLUIE

La mer est le royaume de la soif presque au même titre que le désert, à la différence près que les nuages naissent au-dessus des océans le plus souvent, et que l'on a donc beaucoup plus de chances d'y recevoir de la pluie. Dans la mesure où il est possible d'orienter un minimum la dérive, il faut donc aussitôt tenter de rejoindre des zones où l'on a plus de chances d'en rencontrer.

Cette première pluie doit être attendue autrement que la bouche ouverte, et il sera indispensable de préparer un maximum de récipients et la surface de recueil la plus grande possible : voile, vêtements, toile du canot, etc. Le fond du canot devra rester propre et être rincé régulièrement à l'eau de mer afin qu'on puisse y recueillir une eau sans souillures excessives. Un abondant lavage quotidien enlève presque tout le sel, grâce au pouvoir dissolvant de l'eau de mer qui est loin d'être saturée en chlorure de sodium. Le sel restant est vite rincé par la première ondée, et n'est plus alors suffisamment abondant pour rendre l'eau trop saumâtre. **Un rinçage préventif quotidien,** dès le premier jour, aura en plus le mérite de diminuer le fort goût de caoutchouc propre à tous les canots fraîchement sortis de leurs containers. Ce goût est souvent très mal supporté, provoquant nausées et vomissements.

Les naufragés devront, par ailleurs, **s'exposer complètement à la pluie** pour se rincer, retardant ou freinant ainsi l'évolution des plaies cutanées dont nous verrons qu'elles sont provoquées à la fois par le manque d'exercice et l'irritation par le sel. L'opportunité de ces douches dépendra, bien sûr, de la température, et de l'état de santé du naufragé.

L'EAU DE CONDENSATION

Lorsque la différence de température est suffisamment importante entre le jour et la nuit, la vapeur d'eau contenue dans l'air diurne chaud se condense à la fin de la nuit, se déposant préférentiellement sur des objets froids. Ceci explique que certains naufragés aient pour première occupation au réveil de lécher les parois de leur embarcation recouvertes de « rosée ». Il peut aussi être astucieux de recueillir cette eau douce avec une éponge.

LA GLACE DE MER

Pour les naufrages en mers froides, il faut savoir que le sel a tendance à se séparer de l'eau en phase de congélation. Il se concentre dans des poches d'eau, qui demeurent liquides en raison justement de la forte concentration en sel. Il y a ainsi séparation spontanée du sel et de l'eau glacée.

L'EAU DES ALGUES

Les algues flottantes contiennent, comme tous les végétaux, une part importante de liquide.

COMMENT DIMINUER LA DÉSHYDRATION EN MER

Les apports d'eau douce étant ce qu'ils sont, la survie dépendra aussi de l'économie que l'on fera des pertes d'eau. La plupart des naufragés souffrent de la radiation solaire, avec les pertes sudorales que cela implique. C'est encore une justification des canots avec toit, c'est surtout la nécessité de se mouiller abondamment et souvent. L'idéal est le bain, un pis-aller est de porter le plus longtemps possible des vêtements imbibés d'eau de mer. Les eaux tropicales sont en moyenne nettement plus froides que l'air ambiant, ce qui assure déjà un refroidissement. Lorsqu'en plus, on y ajoute l'évaporation sur les linges mouillés, on obtient un refroidissement local important.

S'il règne enfin une légère brise, le refroidissement sera optimum. On peut ainsi diminuer la soif en exposant au soleil son visage recouvert d'un linge imprégné d'eau de mer.

Le confinement physique : conséquences et remèdes

Même lorsqu'ils disposent d'eau et de vivres, les naufragés recueillis le sont tous dans des conditions de misère physiologique avancée. L'absence d'espace vital et le manque d'exercice musculaire sont les principaux responsables de ces états. Les dimensions très restreintes des canots de survie obligent leurs occupants à une quasi-immobilité permanente, aboutissant très vite à une **ankylose**.

La malnutrition contribue nettement à l'aggravation de l'état du naufragé. Ainsi l'atrophie[5] musculaire générale touche surtout les membres inférieurs. On assiste d'abord à une fonte musculaire rapide, celle du quadriceps par exemple, qui fait diminuer de cinq centimètres, en une semaine, le tour des cuisses devenues inactives. Mais cet inconfort et cette immobilisation permanente peuvent aussi avoir pour conséquences des raideurs, des rhumatismes, des lésions cutanées. Voici quelques astuces pour limiter ces effets :

– Il faut **éviter de macérer** dans une atmosphère trop humide, entretenue par des vêtements ou un fond de canot mouillés.

– Il est indispensable de **varier les positions** d'assouplissement afin d'éviter que ce soit toujours les mêmes parties du corps qui

[5] L'atrophie musculaire est la diminution du volume du muscle à cause de la malnutrition et du manque d'exercice.

reposent sur un fond souvent inconfortable.
– Il faut **bouger :** pas question d'aérobic ou de stretching mais quelques dizaines de pompes et d'abdominaux peuvent être pratiquées plusieurs fois par jour sur n'importe quel canot. Des mouvements de gymnastique d'assouplissement éviteront, par ailleurs, l'apparition de raideurs, sans pour autant consommer trop de calories. Tous ces exercices devront être faits la nuit afin d'éviter une perte hydrique par sudation. Le massage des masses musculaires sont également bénéfiques.

La prévention la plus intéressante, quand elle est possible, est celle qui consiste à **prendre des bains.** Il est remarquable que tous les naufragés qui se sont astreints à plusieurs bains quotidiens en aient retiré un bénéfice inestimable, tant sur le plan du bien-être psychologique que physique. Ces bains participent à une économie hydrique importante, en permettant une baisse de la température centrale. Pratiqués régulièrement, ils éviteront l'ankylose, et freineront l'atrophie musculaire.

Beaucoup ont refusé ces bains par crainte des requins ou par peur de ne pouvoir regagner le bord. Il faut savoir que si rien n'a été jeté par-dessus bord depuis plusieurs heures, on a toutes les chances de trouver un moment sans requins. **Un requin ne suit jamais plus de quelques heures un canot dérivant lentement.**
On se baignera en restant toujours relié au

canot par un cordage : la moindre brise peut soudainement pousser l'embarcation à une vitesse bien plus élevée que celle du meilleur nageur.

Ne pas savoir ce qui se trouve dans le container de survie est une négligence grave pour le skipper lui-même, une faute impardonnable à l'égard de ses équipiers. On trouvera, dans le tableau ci-dessous, certains équipements qui nous semblent indispensables, en complément de ceux qui peuvent déjà exister. Les attributions légales sont variables selon les pays, et les compléments possibles laissés aux préférences de chacun. On peut par exemple y ajouter des feux rouges à main en plus des fusées parachutes réglementaires, des ballons de caoutchouc recouverts de peinture métallique qui pourront servir de réflecteurs radar, etc. Les variations sont infinies, la seule limite étant celle qui ferait du canot une embarcation plus sophistiquée que le bateau lui-même !

LISTE DU MATÉRIEL INDISPENSABLE
A BORD D'UN CANOT DE SURVIE
(indépendamment du matériel rendu obligatoire
par la législation internationale).

USTENSILE	**NOMBRE**	**REMARQUES**
Couteau de poche multifonctions	1	Style couteau suisse.
Couteau dit « de survie »	1	Usages multiples : tuer les grosses prises, dépeçage, harpon éventuel.
Sifflet plastique	1	
Miroir de signalisation	1	Doit être perforé (voir chapitre sur l'équipement).
Stylo lance-fusées	1	Peu encombrant, peut se glisser dans une poche de ciré.
Fusées rouges	10	Ne pas lésiner sur la quantité car on est rarement aperçu par le premier bateau rencontré.
Boussole	1	Pas de boussole intégrée dans un manche de couteau. Doit permettre des relèvements.
Trousse de pêche	1	Avec hameçons montés de toutes dimensions et inoxydables.
Boîte de moules	1	Excellents appâts qui se conservent longtemps.
Gros hameçons	3 ou 4	Destinés à confectionner des gaffes (perches avec pointe).

USTENSILE	NOMBRE	REMARQUES
Éponges	2 à 4	Seul moyen d'assécher complètement le fond du canot.
Sacs poubelle	2 paquets	Usages multiples.
Lampes étanches	2	Avec ampoules et jeux de piles étanches en rechange.
Trousse médicale	1	Doit être complète. Ses épingles à nourrice peuvent servir d'hameçon, ses ciseaux de couteau, son sparadrap de pièces d'étanchéité, ses bandes de cordage, son mercurochrome à colorer un leurre, ses lames de scalpel à dépecer, etc.
Fil de fer inoxydable	5 m	Usages multiples.
Trousse de réparation moderne	1	Nous entendons par « moderne » des pièces de plastique et des colles utilisables dans l'eau (utilisées dans la fabrication de piscines plastifiées).
Lunettes de nage	1	En plastique, très légères, elles sont étanches et peuvent servir à la fois de masque, de lunettes de soleil, et de bandeau en cas d'uvéite solaire.
Rapporteur	1	En plastique souple, il permet des calculs comparatifs de latitude.

Gestes à faire autour d'un naufrage

La survie lors d'un naufrage commence au port avant le départ. Elle dépend des bons réflexes, du calme et de la réflexion dont on fera preuve. Elle est liée à la force morale et aux connaissances que l'on aura acquises dans la perspective de telles circonstances.

Les skippers qui, **avant le départ**, s'intéressent au contenu du container de survie posé sur le pont de n'importe quel voilier de haute mer sont une infime minorité. Ce container est obligatoire ; il fait partie des meubles, des meubles encombrants et on s'en passerait volontiers. Le nombre de disparus qui doivent la mort à un tel désintérêt ne se compte pas. Il suffit pourtant d'un minimum de temps pour ouvrir ce container, vérifier soi-même ce qui s'y trouve, et surtout compléter **l'équipement qui est toujours insuffisant**, voire franchement lamentable... Par une telle démarche, le skipper ne se contente pas seulement de faire face à ses responsabilités, mais il y gagne un réconfort psychologique plus ou moins conscient.

« Arrête-toi, regarde, réfléchis et choisis. »
Ce principe général, valable dans toutes les situations graves s'étalant sur plusieurs minutes, prend tout son sens en cas de naufrage.
Il faudra détacher le container autogonflable, veiller à retenir le canot gonflé attaché au bateau, et rester sur celui-ci le plus longtemps

possible afin de récupérer un maximum de matériel. On ne risque pas d'être entraîné en profondeur par un voilier qui coule, les remous n'étant pas assez forts. Par ailleurs, on a vu des voiliers coulant jusqu'au pont et dérivant ainsi pendant des mois. Dans une telle circonstance, **il n'est pas question de quitter l'épave en catastrophe** comme cela s'est vu beaucoup trop souvent. Il faut trancher un maximum de cordages, découper un maximum de toile à voile, récupérer un maximum de réservoirs, tout ce qui peut flotter, tout ce qui peut aider à se positionner et s'orienter qui ne se trouve pas déjà dans le canot (carte, compas, sextant...).
Les gilets de sauvetage auront été enfilés dès la survenue de la tempête et il n'est pas question de s'en passer à bord du canot. Outre qu'ils évitent de couler avec des vêtements de laine trempés ou des bottes, ils contiennent souvent quelques instruments utiles tels que sifflet ou miroir, et serviront à bord à sécuriser les bains, matelasser le fond du canot, remplacer un boudin défaillant, etc. Des vestes spéciales peuvent remplacer avantageusement les encombrants gilets : imperméables, de couleur rouge, doublées d'amiante et contenant un matériau à flottabilité positive, elles permettent une activité normale à bord, tout en offrant une sécurité maximum en cas d'accident.

Après le naufrage, l'une des épreuves qui guette la plupart des naufragés est le chavirage. Les lames et le vent aidant, un canot sans quille se retourne très facilement.

On évite le chavirage en portant le poids du corps sur le boudin au vent, s'opposant ainsi à la lame qui le soulève. Cette technique est à mettre en œuvre par gros temps et pourra s'avérer épuisante, mais moins qu'un chavirage. Pour redresser un canot trop lourd, il faut être patient, attendre que le vent et une lame se conjuguent pour soulever la partie du bateau où on aura fixé un cordage que l'on tire depuis l'autre bord sur lequel on est arc-bouté.[6]

Pathologies propres au naufrage

En dehors des stress atypiques que sont la faim et la soif, le chaud et le froid, l'isolement et l'anxiété, d'autres sont plus spécifiques du milieu marin et entraînent une pathologie particulière.

Tous les naufragés sont rapidement victimes de troubles cutanés variés dus à **l'humidité et au sel :** érosions, plaies légères s'ulcérant sous l'action du sel, n'ayant aucune tendance à la guérison sauf si on réussit à les protéger par une pommade ou de la graisse de tortue par exemple. On exposera les plaies à l'air libre quand il n'y aura pas de grosse mer, pas de risques d'embruns. Une plaie qui macère ne guérit pas. On les laissera sous la pluie aussi souvent que possible, sous réserve de les assécher ensuite.

---

[6] Un schéma illustre cette technique particulière dans la première partie traitant de la préparation (et plus précisément dans le passage sur les techniques diverses).

Le soleil est aussi un élément dont il faut savoir se protéger. Les érythèmes solaires (ou coups de soleil) s'attrapent vite en mer, en raison d'un pouvoir de réflexion élevé. Ils fragilisent la peau et ouvrent la voie aux ulcérations. Là aussi, il y a adaptation et il faut exposer la peau progressivement, afin de lui laisser le temps de fabriquer la mélanine indispensable à sa protection.
Les uvéites (inflammations oculaires) sont également fréquentes en raison de la réverbération des embruns et du vent. Il faudra se confectionner des lunettes de fortune si nécessaire (carton fendu par exemple) ou mettre au moins un œil au repos sous un tampon de gaze, afin de ne pas se retrouver handicapé des deux yeux plusieurs jours de suite.

Associée à l'inconfort, **l'immobilité** est source de troubles évoqués précédemment et d'insomnie particulièrement pénible. Cette insomnie pourra être artificiellement vaincue par un somnifère (**Rohypnol** par exemple). Il ne s'agit pas de « traitement de confort », mais bien d'un traitement de fond visant à améliorer les chances de survie en supprimant une cause d'épuisement physiologique supplémentaire. Nombre de naufragés qui se sont suicidés n'étaient pas tant épuisés physiologiquement, que psychologiquement détruits par le manque de sommeil.

Le mal de mer est une pathologie à ne pas négliger. Les mouvements d'un canot sont très différents de ceux d'un bateau de cinq ou dix tonnes, et nécessitent un nouvel acclimatement. Si celui-ci ne se fait pas rapidement, dès les premiers jours, il peut être cause d'un épuisement prématuré très préjudiciable, en raison de la déshydratation provoquée par les vomissements. Un peu d'eau de mer compensera les pertes en sodium et en chlore. Il sera aussi souhaitable de boire de l'eau douce pour compenser les pertes hydriques et de rester allongé au maximum.

L'une des conséquences de la **sous-alimentation** est une constipation quasi constante chez tous les naufragés, constipation qui s'étend souvent sur des semaines mais ne doit pas alarmer pour autant. Elle est, en effet, due à la déshydratation, à l'inactivité, à la rareté des apports alimentaires, à l'absence de fibres végétales en particulier. Elle n'a rien à voir avec une occlusion intestinale et ne doit pas être une source d'inquiétude supplémentaire. La particularité de cette sous-alimentation est une absence quasi totale d'hydrates de carbone (glucides), puisque la source unique d'alimentation est la pêche. Ceci entraîne une perte de poids inévitable.
Le retour à une alimentation normale est la dernière agression que doit surmonter le naufragé. Si on aborde une île isolée mais disposant de ressources alimentaires variées, il faut se réalimenter progressivement. On ne passe pas de l'état de « mort vivant » à celui d'homme normal en seulement quelques heures. Il faut fragmenter les repas, commencer par une alimentation purement liquide les premiers jours (à base de lait concentré sucré par exemple), puis passer peu à peu à une alimentation solide.

En dehors des conditions extrêmes physiologiques et objectives, le naufragé est également soumis à une **agression psychologique intense**, à laquelle il résistera de façon très variable, en fonction de sa personnalité et de son vécu. Selon qu'il aura un « profil » agressif ou passif, optimiste ou pessimiste, extra ou introverti, selon que sa vie passée l'aura ou non préparé aux coups durs, ce stress psychologique sera le facteur déterminant qui en fera un mort en sursis ou un survivant en puissance. C'est le mental qui fera basculer son organisme fragilisé d'un royaume dans l'autre.

L'agression psychologique qui guette un naufragé pourrait se résumer en un mot : **monotonie**. Monotonie géographique, occupationnelle, relationnelle, tout son environnement physique et temporel concourt à l'endormissement des facultés de réaction du naufragé.

Pour surmonter cette apparence de néant, il devra meubler son paysage : les nuages et les vagues, l'aube et le crépuscule, la houle et les orages, les animaux marins et aériens, tout devra devenir un événement, occasion de réflexion, opportunité d'agir, autant de raisons de rompre un cycle désespérément répétitif.

Il faut tenter d'élargir artificiellement l'espace vital, par exemple en se baignant, ou par autoconviction en décidant que la mer entière est à soi. Bien souvent malheureusement, le naufragé n'est que le gré des flots, un pantin à la recherche d'un libre arbitre qui n'existe plus vraiment. Il devra se défendre contre l'impuissance par la recherche de l'action. S'il le veut,

il découvrira rapidement qu'il existe une foule de choses à faire sur un canot de quelques mètres carrés. Des actes qui, dans une vie normale, paraîtraient futiles et dérisoires, s'avéreront d'une importance vitale pour le naufragé.
Il faut gérer « **l'espace-temps** » en y mettant des bornes qu'on s'obligera à respecter à tout prix. On dormira le plus longtemps possible tout en sachant que **la soif et l'insomnie sont les deux plus fidèles compagnes du naufragé**. Dès le réveil, on s'astreindra à des mouvements d'assouplissement, après avoir recueilli une éventuelle eau de condensation déposée pendant la nuit. À partir des maigres réserves dont on dispose, on s'attachera à respecter les horaires de repas qui sont ceux d'une vie normale. On pêchera le matin et l'après-midi, après une tentative de sieste. On s'efforcera de tenir un journal avant le dîner, et on terminera la journée par une séance de gymnastique une fois la nuit tombée. On aura soin de marquer d'un trait chaque journée passée, en se souvenant que des centaines de naufragés ont survécu dans le dénuement le plus complet pendant des semaines, voire deux à trois mois. La création d'habitudes, même artificielles, est le seul moyen d'accélérer l'écoulement des jours.

La survie commence donc souvent avant le départ par un minimum de prévoyance, et l'élément marin est sans doute le plus démonstratif à cet égard.

L'ÉLÉMENT SOUS-MARIN

Tout aventurier se trouvera un jour confronté à la plongée. Que ce soit en apnée ou en scaphandre, c'est une activité où la moindre négligence peut être fatale. La plongée est toujours dangereuse, même pour des praticiens expérimentés et **il faut toujours éviter de plonger seul**.

La plongée libre ou en apnée

Nous donnerons donc quelques conseils succincts sur la meilleure façon de procéder. L'apnée dépend d'un entraînement très spécifique et d'une préparation psychologique particulière, bien plus que d'une condition athlétique exceptionnelle. Tout homme en situation de survie sur une île ou en mer peut être amené à devoir plonger et rester un certain temps sous l'eau, afin de chasser, réparer une voie d'eau, dégager une hélice ou une ancre. Toute la difficulté est de prolonger l'apnée alors que l'on ressent une envie forcenée d'ouvrir la bouche pour inspirer avant d'atteindre la surface.

L'ÉTAT PSYCHOLOGIQUE

La motivation va prolonger l'apnée en masquant les réflexes de fin d'apnée : un sujet affamé poursuivant un poisson à portée de flèche va inconsciemment améliorer sa performance.

Le stress psychique, qu'il soit dû à une surprise agréable ou à la survenue d'un danger inattendu, peut prolonger ou au contraire interrompre brutalement l'apnée.

La volonté est encore et toujours déterminante comme à chaque fois que l'esprit doit prendre le pas sur le musculaire.

LE RYTHME DES APNÉES

La respiration entre les apnées est capitale. Si elle est insuffisante, on va contracter une « dette en oxygène » qui va s'aggraver à chaque plongée, conduisant finalement à la syncope.

L'HYPERVENTILATION

Elle consiste à respirer à fond et sur un rythme plus rapide que la normale, afin de « vider le sang » de son gaz carbonique et d'emmagasiner le maximum d'oxygène. Cette technique est efficace pour prolonger l'apnée, mais dangereuse si elle n'est pas pratiquée selon des normes précises. Le sujet doit s'hyperventiler jusqu'à ressentir des étourdissements. Le temps d'apparition du malaise est chronométré (variant d'une à deux minutes en général). On divise par trois le temps constaté et on s'interdira une hyperventilation excédant ce « tiers de temps ». Cette hyperventilation devra être effectuée thorax hors de l'eau ou allongé sur l'eau.

L'ACTIVITÉ MUSCULAIRE SOUS L'EAU

Toute activité musculaire consommant de l'oxygène va donc diminuer le temps d'apnée proportionnellement à son intensité. Cependant, une activité musculaire modérée (un palmage) recule paradoxalement la rupture.

L'ENTRAÎNEMENT CARDIOPULMONAIRE

Il est utile de savoir qu'au départ, il n'existe aucune différence significative entre le temps d'apnée chez les sportifs non entraînés à l'apnée, et les sujets non sportifs.
La capacité vitale entre directement en ligne de compte et elle peut être développée à la fois par une activité sportive de fond (course à pied, cyclisme, natation...) ou par un entraînement spécifique, c'est-à-dire des séances régulières d'apnée, sans exercice musculaire particulier (dans cette optique, même une baignoire peut suffire).

PENDANT L'APNÉE

Outre la décontraction et l'élimination de tout geste parasite, deux ou trois expirations lentes et de volume réduit en fin d'apnée retardent le point de rupture.

MÉTHODES ANNEXES

La diététique idéale pour cette activité est une **alimentation riche en sucre**, qui permet au cerveau de mieux supporter l'apnée et

apporte l'énergie musculaire idéale. L'alcool est particulièrement contre-indiqué.
Un paramètre utile à connaître pour le plongeur en apnée est l'incidence de la température de l'eau sur la durée : plus la température est basse et plus la consommation d'oxygène sera grande. On aura donc intérêt à se couvrir un minimum pour « durer ».

ACCIDENTS EN APNÉE

L'hydrocution est possible sur un sujet qui plonge brusquement dans une eau dont la température est nettement plus froide que celle de son corps. La prévention consiste en une mise à l'eau progressive. Une cagoule protégeant la tête et la nuque est très utile au moment de l'immersion, mais aussi en profondeur alors que les eaux se refroidissent. Au niveau de la nuque se loge le bulbe rachidien contenant de nombreux centres vitaux, dont les centres respiratoires, et l'on conçoit que son refroidissement brutal puisse être à l'origine de syncopes mortelles.

La plongée autonome à l'air

La plongée avec bouteilles peut être le vecteur obligatoire de l'expédition. C'est une activité particulièrement dangereuse si on ne connaît pas quelques règles fondamentales de sécurité.

LA HANTISE DES BULLES

Les gaz peuvent être dangereux de deux façons :

– Quand il s'agit **d'azote ou d'hélium** (non consommés par l'organisme), il y a des problèmes lors de la décompression en raison de leur dissolution dans l'organisme. On parle alors d'accidents d'origine biophysique.
– Quand il s'agit de gaz comme **l'oxygène**, ou le gaz carbonique, ou encore l'azote sous pression, on parle d'accidents d'origine biochimique.

Ce qui compte pour le plongeur est de **respecter une vitesse de remontée** qui permette à tous les tissus, sans exception, d'avoir le temps d'éliminer leurs gaz dissous. Ceci implique que les tables de décompression aient été faites en fonction des tissus les plus « lents ». Ce sont les tissus les plus rapides (le sang, les muscles) qui imposent les paliers les plus profonds, et les plus lents (la moelle osseuse) le dernier palier à 3 m.
Certains plongeurs inexpérimentés pensent que toute la décompression peut se faire à 3 m pourvu que l'on reste longtemps. C'est une grave erreur car les tissus rapides vont alors se « dégazer » très rapidement, risquant de faire des macrobulles au lieu de bulles microscopiques. La plongée, et surtout la remontée, doivent se faire sans activité musculaire intense.

LE GAZ CARBONIQUE

Produit de dégradation obligé du métabolisme cellulaire, il est éliminé par les poumons et ne doit pas poser de problème en plongée, sauf quand l'expiration ne parvient plus à éliminer une concentration de gaz carbonique trop forte dans le sang :

– **Une activité musculaire excessive** peut engendrer non seulement une grosse consommation d'air mais, dans le même temps, **une production considérable de gaz carbonique**.

– **Une cause externe est la concentration excessive de gaz carbonique** dans l'air comprimé. Elle peut être due au « gonflage » de la bouteille dans un local mal ventilé, ou à une prise d'air du compresseur mal située : soit trop près de l'échappement du moteur, soit en ville dans une atmosphère polluée par les gaz d'échappement. Il existe de petits compresseurs 200 bars à trois étages, très peu encombrants, faciles à manipuler sur un bateau, gonflant une bouteille en une demi-heure. Le gonflage doit se faire sur le pont, l'échappement étant sous le vent. De la même façon qu'un « chuteur » préfère avoir plié lui-même son parachute, le plongeur aura intérêt à gonfler lui-même sa bouteille : il y gagnera en sécurité et surtout en confort psychologique.

L'IVRESSE DES PROFONDEURS OU LA NARCOSE À L'AZOTE

Au-delà d'une certaine profondeur propre à chacun, la pression artérielle de l'azote provoque des troubles au niveau cérébral. Le plongeur est alors pris d'un sentiment d'euphorie plus ou moins subconscient, qui peut aller jusqu'à des gestes incohérents tels que l'arrachage du masque

ou le désir d'aller le plus profond possible. Lorsque l'angoisse se substitue à l'euphorie, il est souvent trop tard pour le plongeur isolé.
À partir de 40 m, tout plongeur néophyte de ces profondeurs peut être pris d'ivresse. **Il est impossible de savoir, avant d'y aller, comment on se comportera au-delà de 40 m**.
La prévention consistera à s'entraîner progressivement en se testant à des profondeurs croissantes, en sachant que ce n'est pas la profondeur qui fait le bon plongeur.
Au moindre symptôme inhabituel (euphorie, angoisse, hallucinations auditives ou visuelles), remonter d'une dizaine de mètres, en expirant calmement et à fond.

L'ESSOUFFLEMENT

L'essoufflement n'est pas forcément en rapport avec un exercice musculaire, mais peut intervenir à la suite des facteurs suivants : respiration inadaptée (retenue ou, au contraire, rapide et superficielle, désordonnée), stress émotionnel, refroidissement excessif, lutte contre un courant contraire... Il doit être impérativement contrôlé sous peine de se transformer en insuffisance respiratoire aiguë et syncope.
La prévention dépend intégralement de la volonté et du « self-control ». Il faut apprendre à contrôler sa respiration non seulement au niveau du rythme, mais aussi au niveau des pauses :
– C'est l'expiration qui commande la respiration.
– À l'issue de l'inspiration, on doit marquer

une pause assez longue, afin de permettre à tout le volume d'air inspiré d'être utilisé.
– À chaque cycle respiratoire, il est indispensable de vider les poumons au maximum par une expiration forcée (seule façon d'éliminer le gaz carbonique).

LES TROUBLES AURICULAIRES EN PLONGÉE

La grande victime des problèmes de pression est l'oreille. La pression va faire bomber le tympan vers l'intérieur et la rupture est très rapide, vers 5 m de profondeur seulement. **On devra équilibrer régulièrement les pressions par la manœuvre dite de « Vasalva » : expiration légèrement forcée sur les narines pincées et la bouche fermée**. On est prévenu du succès de la manœuvre par l'audition d'un léger sifflement dans chaque oreille. La manœuvre ne doit pas être brutale mais progressive. Elle est dans la grande majorité des cas nécessaire jusque vers 15 m. Il n'est évidemment pas question de « Vasalva » à la remontée. Cela ne sert à rien et peut même déclencher un vertige ou un accident de décompression.

LES SINUS

Ce sont des cavités extensibles pour lesquelles il n'existe pas de manœuvre volontaire d'équilibration. Les accidents sont rares, surviennent à la descente, et en général à l'occasion de rhinopharyngite chronique ou de coryza aigu. Il ne faut pas insister sous peine de sinusite traînante, contre-indication formelle à la plongée.

LES POUMONS ET LA SURPRESSION PULMONAIRE

C'est l'accident souvent mortel. Tout plongeur débutant apprend qu'il doit remonter lentement (17 m par minute, plus lentement que les bulles), afin d'avoir le temps d'expirer l'air en surplus dans les poumons. La prévention de cette surpression mortelle tient dans deux principes :
– Remonter lentement.
– Ne jamais bloquer sa respiration à la remontée.

LES ACCIDENTS DE DÉCOMPRESSION

Ce sont les conséquences d'une **remontée trop rapide**, sans paliers suffisants. Les gaz dissous vont se transformer en bulles plus ou moins nombreuses, plus ou moins grosses.
Si la faute de décompression a été modérée, on aura généralement une symptomatologie discrète, avec des troubles cutanés et articulaires. Si elle a été grave, l'accident pourra être une embolie gazeuse cérébrale, souvent mortelle, ou une paraplégie, pas toujours réversible.

LES ACCIDENTS ARTICULAIRES : LES « BENDS »

Les « bends » sont très courants, particulièrement au niveau des articulations ayant beaucoup travaillé pendant la plongée. Le symptôme de cet accident est une douleur survenant peu de temps après la plongée, sur une seule articulation en général. Cette douleur est exacerbée par la mobilisation et rebelle aux antalgiques classiques. Le seul traitement est la recompression sous oxygène, impossible à mettre en œuvre en situation d'isolement. On pourra alors redescendre accompagné et faire un palier le plus long possible vers 3 ou 6 m, selon la profondeur de disparition de la douleur.

LE PLAQUAGE DU MASQUE

Le plaquage du masque survient chez un plongeur débutant qui oublie de souffler par le nez, en début de descente. Le masque se transforme alors en ventouse, provoquant un œdème de la face, des hémorragies conjonctivales, des saignements de nez. L'incident est sans gravité.

Prévention et traitement des accidents de plongée

GÉNÉRALITÉS

– Entre la dernière plongée et un départ en avion, il faut respecter les délais suivants : 12 heures pour toute plongée au-delà de 40 m, 6 heures pour 40 minutes entre 10 et 15 m.
– Ne pas plonger en état de « méforme physique » (mauvaise forme physique) : elle

favorise sans contestation possible les accidents de décompression.
– Ne pas plonger seul.
– Se mettre au repos 3 minutes avant de remonter et se ventiler profondément de façon à éliminer un maximum de dioxyde de carbone.
– Éviter tout effort physique dans l'heure suivant la plongée, ce qui favorise l'apparition des « bends » articulaires.

L'ÉQUIPEMENT

La **combinaison** avec **cagoule** est indispensable dans toutes les mers froides, et d'autant plus épaisse que la mer est froide afin de protéger la nuque et l'oreille interne d'une eau trop froide. Elle est tout aussi indispensable en mer chaude, comme vêtement protecteur contre les agressions possibles. **Les chaussons de plongée** sont également très utiles pour ralentir le refroidissement.
Le masque doit être simple et préserver un accès facile aux narines pour la manœuvre de « Vasalva ».
La bouée ou le gilet sont indispensables. Cela permet de se mettre en flottabilité nulle à toute profondeur et de se propulser rapidement en surface en cas d'incident sur le fond.
Au moins une **bouteille d'oxygène :** l'inhalateur Comex-Pro est un modèle portatif idéal. Elle constitue le premier traitement à instituer devant tout accident de plongée en l'absence de caisson de décompression.
Le couteau de plongée : il doit être lourd, l'extrémité du manche doit être métallique,

pouvant ainsi servir de marteau. Outil indispensable en plongée, il est à la fois un instrument de sécurité et de travail.
La planche à Trédelenburg permet une position d'attente idéale pour tout accidenté, ainsi que l'écoulement de l'eau hors des voies respiratoires en cas de noyade.
L'aspirine à très forte dose et les corticoïdes constituent le traitement médicamenteux d'appoint à la recompression thérapeutique.

LA MONTAGNE

Adaptation thermique

Avec l'altitude, **la température** chute (environ 1 ° par 100 m dans les couches moyennes).
En même temps, **le vent** augmente, et avec lui le refroidissement par convection, proportionnel à la surface corporelle exposée.
En revanche, l'humidité diminue très vite. La baisse de ce dernier paramètre est particulièrement intéressante dans la mesure où elle freine le refroidissement. En revanche, elle implique que l'on soit particulièrement hydraté.

Le rayonnement solaire apporte à l'organisme un flux de chaleur qui est proportionnel à la surface cutanée exposée, et susceptible d'engendrer des coups de chaleur. Il ne faut pas négliger non plus le rayonnement infrarouge de grande longueur d'onde restitué par la roche. Il faudra donc s'exercer et se protéger la tête.

Besoins hydriques et alimentation

À 4 000 m, l'humidité relative a diminué de 75 %. Au-delà de 6 000 m, l'air inspiré est pratiquement sec.
À chaque expiration, l'organisme se déshydrate un peu. Cette perte respiratoire d'eau

atteint couramment 1 litre pour 5 heures de progression en altitude. Pour peu que l'on soit exposé au rayonnement du soleil, particulièrement intense en altitude, nous aurons une nouvelle perte hydrique par sudation, conduisant à des bilans journaliers de 4 à 5 litres. Presque autant que dans le désert !

Boire de la glace est mauvais à double titre : par le refroidissement qu'elle provoque, et par le fait que, comme la neige, elle procure un liquide dépourvu de sels minéraux, néfaste pour la digestion. Dernier point négatif, il est impossible d'ingurgiter sous forme de « bonbons de glace » l'équivalent de 4 ou 5 litres d'eau en une journée ! Le réchaud est donc indispensable, et avec lui de quoi accommoder la glace fondue (soupes, jus de fruits en poudre, sirops, etc.).
Par ailleurs, il ne faut pas oublier que **la sensation de soif diminue avec l'altitude, même si l'organisme est déshydraté.**

Il faut savoir que **la perte d'appétit sera inévitable**, avec peut-être un dégoût accentué pour les graisses. Le problème se pose surtout au-dessus de 4 000 m et devient grave pour les longues courses. À 4 000-5 000 m, l'anorexie est surtout due au mal des montagnes, et diminue, voire disparaît, lorsque l'acclimatation à l'altitude est faite. En revanche, au-delà de 6 000 m, l'anorexie est constante. L'alpiniste ne peut accepter que 1 000 à 1 500 calories par jour, ce qui est très nettement insuffisant par rapport aux 4 000 nécessaires à une ascension entre 6 000 et

7 000 m. Le résultat est une perte de poids importante et inévitable
Cette perte de poids se fait notamment aux dépens du tissu musculaire et provoque alors une baisse de la performance sportive, déjà diminuée par la raréfaction importante de l'oxygène.

Problèmes médicaux rencontrés en montagne

LES GELURES EN MONTAGNE

Nous avons vu l'importance de la diminution du flux sanguin dans la genèse des gelures des extrémités.
En altitude, l'hypoxie[7] provoque une viscosité accrue du sang par une polyglobulie[8] compensatrice. Nous savons également que l'altitude s'accompagne très souvent d'une déshydratation à l'effort, qui contribue également à augmenter la viscosité du sang. C'est dire que la survenue des gelures en montagne est hautement favorisée : le sang, plus visqueux, aura d'autant plus de mal à gagner les extrémités.
On ne peut agir sur la polyglobulie, qui est physiologique et involontaire. En revanche, **il ne dépend que de nous de boire en quantité** afin d'éviter la déshydratation et de diminuer les risques de survenue de gelures.

---

[7] L'hypoxie est une diminution de la quantité d'oxygène distribuée aux tissus par le sang.
[8] Polyglobulie : excès de globules rouges.

PRÉVENTIONS

– **Lorsque l'on est arrêté, s'efforcer de pratiquer des contractions musculaires statiques** qui activent la circulation. Sur une vire par exemple, on est souvent recroquevillé à l'arrêt. Il faut **éviter la position accroupie** qui comprime les grosses artères des jambes.
– **Mettre les mains sur le ventre ou sous les aisselles**.
– **Éviter tout sous-vêtement qui serre** trop les extrémités : chaussettes, bas, manches... Ne pas oublier que le retour veineux se fait par la surface des membres.
– **Éviter tout contact métallique** dont la trop bonne conductibilité thermique va entraîner des gelures de contact. De même, **remplacer tout vêtement humide** : l'humidité multiplie par 14 l'action du froid.
Être à l'affût d'une perte de sensibilité des extrémités. On sait que le grand danger des gelures est justement leur apparition insidieuse.

LE MAL DES MONTAGNES

Comme le milieu sous-marin, la montagne a sa pathologie propre qu'on ne trouve dans aucun autre environnement. Tout montagnard doit connaître les grandes lignes de cette pathologie que l'on appelle « le mal des montagnes ». L'ignorance pourrait conduire tout simplement à la mort en quelques heures.
La prévention consiste en une ascension lente et une redescente à la moindre alerte.

LE MAL AIGU DES MONTAGNES : « MAM »

Il atteint 50 % des sujets des deux sexes qui ont dépassé l'altitude de **2 500 m depuis au moins 6 heures**. Alpinistes et randonneurs sont exposés de la même façon. Même des montagnards confirmés, épargnés depuis toujours, sont devenus soudainement victimes du MAM. Nul ne peut savoir à l'avance s'il sera épargné ou non, sauf s'il applique les mesures préventives, qui ont le désagrément de ralentir la progression, mais qui sont efficaces à 100 %.

Le sujet atteint présente un ou plusieurs des symptômes suivants :
– Des maux de tête dans 95 % des cas.
– Des nausées et une perte de l'appétit dans 30 % des cas.
– Une insomnie dans 70 % des cas, contrastant avec une somnolence dans la journée. Le sommeil est souvent agité, peuplé de cauchemars. Vertiges et essoufflement excessif interviennent moins souvent.
– Une diminution du débit urinaire et des vomissements sont des signes de gravité.

Un seul de ces signes doit faire immédiatement penser au MAM.
L'origine de ces symptômes est un œdème cérébral, lui-même dû à une réponse inadaptée de l'organisme à l'hypoxie.
Des études (King et Robinson) ont montré que le MAM est plus fréquent et plus intense chez les sujets augmentant le moins leur

ventilation à l'hypoxie. La sensibilité des centres respiratoires à l'hypoxie peut être diminuée, outre par des facteurs individuels, par le sommeil, l'abus de sédatifs, l'alcool, etc.
La boîte crânienne étant un espace inextensible, l'œdème cérébral a pour effet de comprimer le cortex et les différents centres de commande contenus dans le cerveau. Ceci est à l'origine des maux de tête, nausées, vertiges, insomnies, etc.

En l'absence de médecin, devant l'apparition de ces signes, **le sujet n'ayant aucun médicament doit redescendre immédiatement**. Celui qui a prévu une trousse minimum doit impérativement stopper la montée. On administre de l'aspirine contre les maux de tête et un diurétique contre l'œdème cérébral (Lasilix). Si, malgré le repos, les signes persistent, il faut redescendre de quelques centaines de mètres en attendant l'amélioration. Si les signes sont inquiétants, du style grande fatigue, troubles du comportement, essoufflement au repos, on associera un **traitement anti-inflammatoire à base de cortisone,** toujours contre l'œdème cérébral, et l'on redescendra le malade sans attendre l'effet éventuel du traitement. Si l'on a la chance de disposer d'une grosse logistique avec de l'oxygène, c'est évidemment le meilleur traitement d'appoint.

Pour prévenir le MAM, l'Américain C. Houston préconise de faire une ascension maximum de 700 m par jour à partir de 1 700 m et de 350 à 400 m par jour au-dessus de 3 500 m.

Le MAM est en règle générale bénin et transitoire, s'amendant en une journée de repos, ou après une descente un peu plus bas dans les cas les plus sérieux. Il est rare qu'il impose la cessation définitive de l'ascension, même si le retard qu'elle apporte est souvent mal vu.

L'ŒDÈME CÉRÉBRAL DE HAUTE ALTITUDE (OCHA)

Nous le considérons comme la **complication du MAM négligé**, ou encore comme un MAM évoluant très rapidement, aboutissant à la mort en quelques heures si l'on n'a pas fait la **seule chose à faire immédiatement : redescendre**.
L'aspect clinique est celui d'une hypertension intracrânienne aboutissant très vite au coma et à la mort.
Les maux de tête sont insoutenables, résistant même à la morphine, et le sujet se met à délirer, en proie à des hallucinations auditives et visuelles. Des alpinistes ayant évolué à très haute altitude ont rapporté l'hallucination du « compagnon imaginaire » avec qui l'on vit, celui qu'on attend au relais, et avec qui on partage sa nourriture.
Il y a perte très rapide de la notion du temps et de l'environnement. Les facultés de jugement disparaissent, rendant d'autant plus aléatoires les chances qu'a l'alpiniste isolé de prendre conscience du mal qui l'atteint. Le solo au-delà de la **« zone de mort » des 8 000 m** relève de la roulette russe si l'on n'est pas parfaitement averti des risques.

Le traitement diurétique est insuffisant, voire inutile. Les corticoïdes (type Dexamethasone) sont utiles mais insuffisants. L'oxygène peut être utile mais n'est pas miraculeux, et surtout ne doit plus être arrêté dès qu'il a été instauré (cela créerait une hypoxie aiguë fatale). **Le seul traitement à la fois préventif et curatif est donc la descente immédiate et rapide à une altitude inférieure à 3 000 m**. Notons qu'une simple descente de quelques centaines de mètres pourra déjà suffire à enrayer une évolution grave d'un œdème débutant.

L'ŒDÈME AIGU DU POUMON EN HAUTE ALTITUDE (OAPHA)

C'est l'autre complication, qui peut être mortelle, de la mauvaise adaptation à l'altitude. Il s'agit de l'inondation des alvéoles pulmonaires par la fraction liquide du sang, due à une augmentation excessive de la pression dans les capillaires tapissant la paroi alvéolaire.
Il est intéressant de noter que la majorité des cas survient vers 4 000, 5 000 m, c'est-à-dire à des altitudes de trekking et de camps de base. Les premiers signes surviennent entre 36 heures et 3 jours après l'arrivée en altitude. **Après le dixième jour, on considère que l'on est sorti de la période à risque**.

Dans la majorité des cas, le début est progressif, avec des signes de mal-adaptation : maux de tête, nausées, fatigue. C'est dire que dès leur survenue, on devrait déjà respecter le rythme d'ascension recommandé, se soigner, s'arrêter. Ensuite, les signes spécifiques se

précisent, avec respiration rapide, superficielle, une **tachycardie** tellement importante que le pouls est difficile à prendre. Surtout, il y a apparition significative d'une **toux sèche**, d'une difficulté à respirer normalement. Le malade devient anxieux, commence à se cyanoser, et la toux qui était sèche ramène des crachats écumeux et rosés. Ces crachats, composés d'un mélange d'air, de sérum et de sang, traduisent le passage du sérum sanguin à travers la paroi alvéolaire. Cette véritable « noyade intérieure » s'accompagne d'une sensation panique d'étouffer.
Si l'on ne fait rien à ce stade, l'évolution se fait vers la torpeur, le coma, la mort une à six heures après.

Le traitement est **urgent :** il faut comme toujours **descendre**, ce qui implique de ne pas être allé se mettre au milieu d'une paroi alors qu'il y avait déjà des petits signes d'alarme.
Si l'on dispose de médicaments :
– Diurétique : deux Lasilix en intraveineuse lente. Ce puissant diurétique diminue immédiatement la masse sanguine et donc l'hyperpression pulmonaire.
– Morphine : 15 mg. Elle présente l'avantage de supprimer l'anxiété, la douleur, de dilater les veines et donc de diminuer la pression pulmonaire. Elle doit normalement être utilisée par un médecin, car elle peut provoquer une dépression respiratoire, mais en situation de survie et sans médecin...
– L'oxygène, s'il est possible, est comme d'habitude le traitement de choix.
Dans le cas où la descente est impossible, il

faut un repos absolu, en position demi-assise qui favorise la respiration spontanée.

Pour prévenir l'OAPHA, **l'ascension doit être progressive.** Il est impératif de **ne pas faire d'efforts violents les premiers jours**, et d'**éviter tout stress**. Il faut surtout **réagir dès les premiers signes d'alarme**.

La foudre

Le foudroiement agit un peu comme l'électrocution, avec des lésions cliniques qui vont de la mort immédiate à la survie avec ou sans séquelles (neurologiques, cardiaques, cutanées, type cécité ou surdité).

La foudre se dirigera préférentiellement sur tous les objets pointus : les paratonnerres ou les arbres isolés en plaine, les pics rocheux en montagne. L'effet de pointe tient exclusivement à la forme, et non au matériau, comme on le croit souvent.

COMMENT SE PROTÉGER DE LA FOUDRE EN MONTAGNE ?

Ne pas perdre de temps dès que l'on voit arriver la grosse masse gris violacé d'un cumulo-nimbus, particulièrement quand on entend ce que l'on appelle « les abeilles » (grésillement dû à l'ionisation de l'air).
Il faut d'abord **éviter un impact direct** de la foudre. On doit fuir au plus vite toute proéminence, toute crête... Il faut descendre à au

moins 20 ou 30 m des sommets. On doit rechercher l'abri d'un point d'impact potentiel : on est beaucoup plus en sécurité au pied d'un rocher qu'isolé au milieu d'un alpage, dont nous constituerons alors nous-mêmes le point proéminent. Le tout est de connaître quelques règles :

– Le rocher dont on cherchera l'abri fera au moins 5 m de hauteur.

– On considère que la zone abritée d'un impact direct par ce rocher correspond à un cercle centré sur ce rocher, et dont le rayon est égal à sa hauteur.

– Il conviendra de s'asseoir à une distance d'au moins 2 m du pied du rocher.

Cette protection idéale n'est donc pas celle que l'instinct nous commanderait, c'est-à-dire les trous, les grottes, l'abri d'un surplomb, cachettes particulièrement atteintes par la foudre.

Il faut également **se protéger des courants de décharge** qui suivent immédiatement l'impact de la foudre. Ces courants de décharge se dirigent vers l'écorce terrestre par les trajets de moindre résistance, c'est-à-dire les fissures, les rigoles, etc.

Si l'orage surprend l'alpiniste en pleine paroi, celui-ci devra prendre les précautions suivantes :

– S'asseoir sur un sac, un paquet de cordes, des cailloux... ne pas oublier que le corps, surtout s'il est humidifié par la pluie ou la sueur, offre moins de résistance que la roche, et sera donc un cheminement privilégié.

– On s'éloignera au maximum de la paroi, et l'on aura soin de s'encorder en raison

notamment des réactions musculaires violentes qui accompagnent souvent les décharges.
– La corde doit être la plus horizontale possible afin de ne pas suivre le trajet de descente du courant. Elle sera plus attachée au pied, et non à la taille ou aux aisselles afin d'éviter au courant de passer par les organes vitaux que sont cœur et poumons.
– On se pelotonnera sur soi-même au maximum.
– On empêchera le piolet de dépasser du sac.
Dans cette situation, vous diminuerez considérablement les risques d'allonger la liste des victimes de fulguration.

Rayonnement solaire et montagne

L'atmosphère sera d'autant moins épaisse que nous serons sur une montagne plus élevée, modifiant par-là même les rayonnements solaires : la chaleur sera d'autant plus grande (infrarouges), les couleurs d'autant plus vives, les ultra-violets d'autant plus violents. Ces derniers, dont l'activité est exacerbée en haute montagne, nous obligeront à certaines protections, et notamment les **UVB, dont la quantité augmente de 4 % tous les 300 m**.

Deux pathologies surviennent à coup sûr en l'absence de prévention : **les brûlures cutanées et les brûlures oculaires.**
Outre la diminution de la quantité d'atmos-

phère, un second facteur facilite en montagne la survenue de ces brûlures : la réverbération. L'albédo est le pouvoir de réflexion des rayonnements d'un élément donné. Ainsi, l'albédo de la neige est de 75 à 90 % selon la qualité : neige sale de printemps ou poudreuse fraîche. Ceci explique que, même à l'abri des rayons directs du soleil, on puisse être brûlé. À titre comparatif, l'albédo de l'herbe sur un alpage en été n'est plus que de 3 %.

L'ophtalmie des neiges

Elle est aussi appelée uvéite et **est due à une brûlure de la cornée, surface transparente qui recouvre l'œil et le protège des agressions extérieures**. Cette affection douloureuse, mais réversible rapidement en 48 heures, est due aux ultra-violets. Le port de lunettes de montagne en empêche la survenue.

Les signes de l'ophtalmie sont faciles à identifier au terme d'une journée pas forcément rayonnante de soleil (même par temps gris, au-dessus de 2 000 m, la moitié des ultraviolets traverse encore). Le sujet ressent des signes de conjonctivite : sensation douloureuse de grains de sable sous les paupières s'accompagnant de photophobie (la moindre source de lumière déclenche de violentes douleurs et un larmoiement abondant), de vue « voilée », paupières rouges et enflées.
Tous ces signes correspondent à une cornée sèche et dépolie, qui va être remplacée par une nouvelle en 48 heures. Le sujet doit donc

rester dans le noir, c'est-à-dire qu'en haute altitude, il devra porter un bandeau hermétique sur les yeux. La douleur sera atténuée par des compresses d'eau froide ou de la neige posée sur de la gaze. Tout alpiniste devrait, par ailleurs, avoir dans sa trousse de survie un collyre à base d'atropine, des antalgiques (Aspégic, Glifanan) et des somnifères. Après 48 heures, l'alpiniste pourra reprendre sa course sans séquelles, avec des lunettes adaptées cette fois, c'est-à-dire avec des caches latéraux qui protégeront la cornée des UV latéraux et du vent qui est un facteur irritant supplémentaire. La qualité du verre doit être également pensée : le pouvoir filtrant contre la lumière et les UV est assuré efficacement par des **verres très teintés étiquetés « C »**. La couleur n'a aucune incidence, contrairement à ce que l'on croit souvent. C'est ainsi qu'un verre jaune aura en plus l'avantage, par sa luminosité, d'apporter une bien meilleure vue par temps de brouillard.

Si pour une raison ou une autre, on n'a plus de lunettes, un collyre type Uvéline apportera une protection jusqu'à 2 000 m seulement et sous réserve de l'appliquer toutes les 4 heures. Au-delà de 3 000 m, **on évitera absolument d'évoluer, sans protection, entre 10 et 14 heures**.

L'érythème solaire ou « coup de soleil »

En montagne, le vulgaire coup de soleil du bord de mer devient véritable brûlure. Cela commence par la chaleur et la rougeur dues à l'action des infrarouges sur la peau. Le rayonnement en montagne est tel qu'il peut engendrer des brûlures du 2e degré. Après quelques jours, la peau se détache en lambeaux, laissant des cicatrices.
À long terme, la peau vieillit prématurément par altération des fibres élastiques du derme, ou devient « burinée », c'est-à-dire hyperpigmentée par plaques, ridée, sèche et amincie. Le cancer de la peau est le stade le plus grave de cette surexposition chronique au soleil et sort du cadre de la survie.

La prévention de ces brûlures tient dans l'utilisation de produits solaires assurant une protection totale en arrêtant le rayonnement ultraviolet et visible. C'est « l'écran total », facile à trouver en pharmacie. Il **devra être utilisé sur tout le visage à partir de 4 000 m**, en particulier les zones les plus sensibles : front et nez. Pour être parfaitement efficace, surtout en cas d'allergie solaire, cette application doit être faite toutes les heures.

En conclusion de ce paragraphe, nous soulignerons l'influence déterminante de l'orientation sur l'intensité de l'insolation. En plein hiver, les pentes escarpées orientées au nord ne reçoivent aucune insolation directe (et inversement dans l'hémisphère Sud). Cette règle est capitale en survie, dictant l'orientation du bivouac.

Nivologie et avalanche

Alpiniste ou randonneur, le montagnard aborde forcément à un moment ou à un autre une pente de neige vierge. Les dizaines de morts par avalanche chaque année dans les Alpes sont là pour mettre en garde même les plus chevronnés.

LES DEUX GRANDS TYPES PHYSIQUES D'AVALANCHE

L'avalanche de poudreuse est la plus dangereuse par sa rapidité, par les autres types d'avalanches qu'elle peut déclencher, par sa nature d'aérosol qui vient littéralement noyer les alvéoles pulmonaires des skieurs ou randonneurs emportés.
Partant d'un point précis, cette avalanche se propage par voisinage. La neige fraîche ou la poudreuse sont capables de rester accrochées à des parois verticales, plus ou moins collées par le vent. La montagne est alors aussi dangereuse que belle. Que quelques centimètres cubes se détachent et ce peut être la réaction en chaîne, l'avalanche dévalant les pentes jusqu'à 250 km/h. Cette avalanche très rapide de particules légères vient buter contre l'air immobile, provoquant un tourbillon ascendant et un nuage caractéristique.

Il n'est pas nécessaire d'être victime d'une avalanche d'une telle ampleur pour se retrouver en situation de survie critique. Même une mini-avalanche de poudreuse peut emporter, ensevelir et noyer, en quelques minutes, le skieur ou le marcheur malchanceux ou imprudent. Ce type d'avalanche se déclenche même en l'absence de soleil, préférentiellement en hiver après une chute récente.

Les avalanches humides sont beaucoup plus facilement déclenchées par le soleil, ne dépassant pas 40 à 100 km/h, ne provoquant pas de nuage, produisant peu de souffle, ne surmontant pas les obstacles importants, et se déclenchant souvent au printemps lors d'un redoux ou de chutes de pluie.

CONDUITE À TENIR LORS D'UNE AVALANCHE

Que l'on ait affaire à n'importe quel type d'avalanche, les conduites à tenir sont toujours les mêmes.
On observera les conditions météo du jour, en se souvenant de celles constatées les jours précédents : quelles températures diurnes ? nocturnes ? quelle hauteur de neige ? depuis quand ?
En fonction de ces paramètres, on pourra déduire les risques :
– Chutes abondantes de neige sèche et froid très vif pendant plusieurs jours : risque d'avalanche de type poudreuse, avec ou sans nuage.
– Chutes abondantes de neige sèche avec

alternance jours chauds, nuits froides : pas de danger.
– Pluie en altitude sur des couches épaisses : risques d'avalanche de neige humide.

En situation avalancheuse, mieux vaut éviter les combes dominées par de grandes étendues neigeuses. Si on est obligé de traverser, le faire le plus haut possible. Si l'on est plusieurs, il est préférable de passer un par un, en surveillant celui qui est exposé. Le meilleur itinéraire reste celui qui emprunte les lignes de crête, s'appuyant au maximum sur les rochers ou contre les arbres. Les traces d'animaux ne garantissent pas une sécurité absolue. Il est impératif de ne pas s'encorder, de détacher les lanières de fixation si l'on est à skis, de tenir les bâtons *sur* les lanières, de se débarrasser de tout ce qui peut entraver les mouvements des membres.

Pendant l'avalanche, on doit avoir le temps de se **couvrir le visage** avec une capuche, un bonnet, tout ce qui peut éviter la redoutable pénétration de l'aérosol de poudreuse dans les poumons.
Quel que soit le type d'avalanche, **il faut « nager »,** faire des mouvements de bras et de jambes identiques à ceux de la brasse, seul moyen de rester en surface.
Il ne faut pas tenter de s'opposer au flot : c'est dérisoire et provoque l'ensevelissement.
Avant que les masses de neige ne s'immobilisent, il faut mettre **les bras en position de « roulé-boulé »**, ce qui a pour effet de préserver un espace devant le thorax et un

autre autour de la bouche. Il faut agiter les jambes au maximum, le plus longtemps possible, en sachant qu'il n'est **possible de bouger que pendant le mouvement de l'avalanche**.

Nous soulignons l'importance vitale d'un désenfouissement rapide : la probabilité de survie est de 80 % pour un dégagement immédiat, 40 % après une heure, 20 % après deux heures, et nulle au-delà de quatre heures... Ces chiffres portent sur la profondeur d'ensevelissement moyenne qui est d'1 m.

LE VENT ET LA NEIGE

L'action combinée de ces deux éléments météorologiques participe à la formation de plaques à vent, corniches et ponts de neige qui sont autant de pièges potentiels en montagne.

Le vent soufflant sur une arête déporte la neige, formant des **corniches** qui surplombent parfois de plusieurs mètres le vide. Dans le doute, au lieu de suivre le fil de l'arête, on évolue quelques mètres plus bas, sur le versant au vent.

Enjambant les crevasses, **les ponts de neige** sont, par définition, dus à l'action du vent. Quasiment invisibles sur les glaciers, ils ne se signalent que par une blancheur un peu grise ou un changement de courbure. Bien souvent, on enfonce beaucoup moins sur un pont de neige que sur le manteau environnant.

Sur glacier, il est indispensable de s'encorder. Si l'on est seul, on doit sonder devant soi avec un piolet ou une perche improvisée, et essayer de longer les bords du glacier.
La chute dans une crevasse est mortelle d'emblée, ou souvent secondairement par refroidissement intense contre des parois glacées.
La connaissance d'une simple formule de physique peut nous sauver la vie sur glacier : le poids du corps couché exercera une pression négligeable au regard de celle qu'exercera le même poids appliqué sur la surface de deux semelles de chaussures.

LES PÔLES

L'Arctique et l'Antarctique

L'Arctique et l'Antarctique sont géographiquement très différents. Alors que le pôle Nord est un point abstrait au-dessus de glaces dérivant en permanence, le pôle Sud est un point concret centré sur un véritable continent recouvert à 98 % d'une énorme couche de glace.

L'Arctique (pôle Nord) est une zone qui couvre les régions septentrionales de l'Alaska et du Canada, du Groenland, de l'île de Jan Mayen, du Spitzberg et de la Russie (océan Glacial Arctique, mer de Barents, mer de Sibérie orientale etc.). La particularité de cette région est l'énorme proportion de mers polaires. Une grande partie de l'océan Arctique et des mers est prise toute l'année par des glaces atteignant couramment 3 m d'épaisseur. Ces glaces se déplacent constamment au gré des vents.
L'Antarctique est donc un continent recouvert d'une calotte polaire dont l'épaisseur moyenne est de 2 200 m. Cette terre est si inhospitalière qu'elle est restée totalement inhabitée jusqu'aux premières explorations du début du siècle. Il n'y a pratiquement pas de faune ni de flore à part les manchots qu'on ne trouve que là-bas. Ces caractéristiques très restrictives imposent impérativement d'emporter avec soi les rations alimentaires nécessaires à toute la durée d'une expédition sur le continent antarctique.

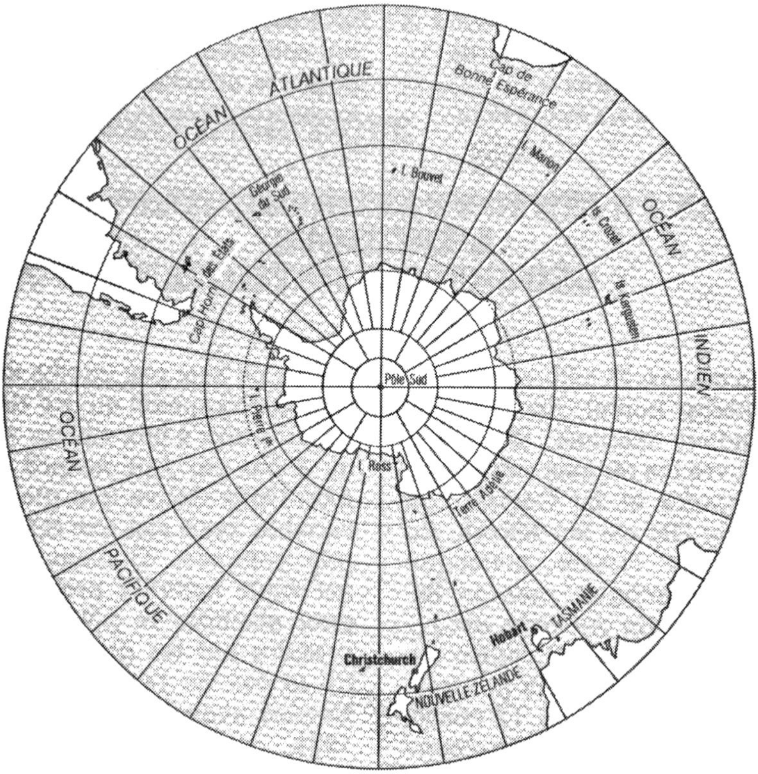

Le pôle Sud, un continent.

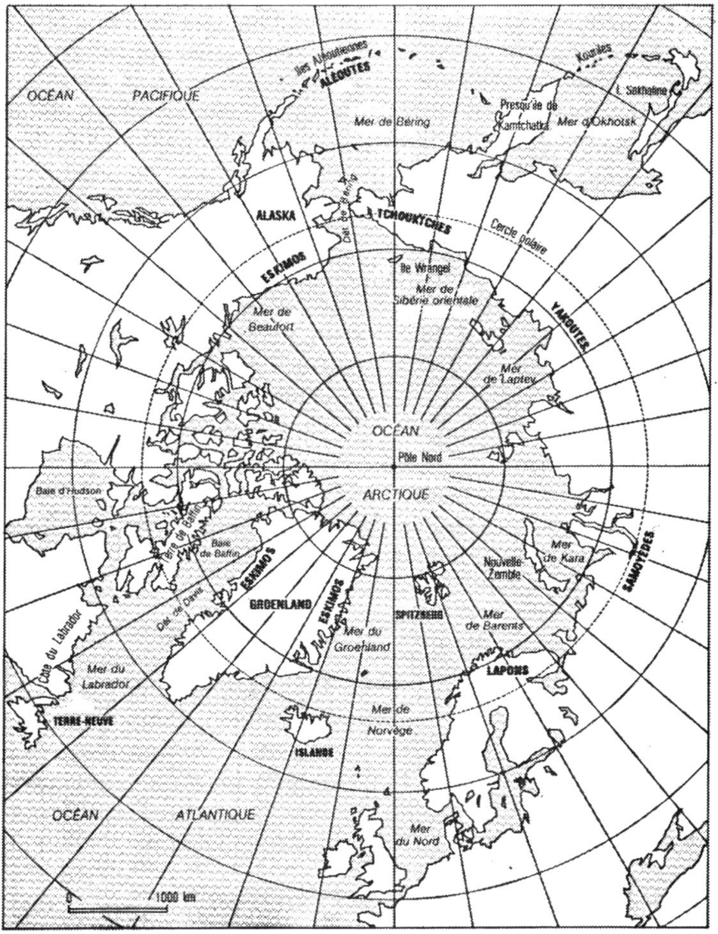

Le pôle Nord, une mer.

Particularités de la lutte contre le froid

Il est indispensable de se référer, pour les mécanismes physiologiques de lutte contre le froid, au chapitre spécialement consacré à ce sujet dans la première partie. Rappelons qu'en dépit de très gros progrès concernant l'équipement polaire, il est impossible de conserver sa température plus de quelques heures dans le meilleur des cas. Deux mesures seront indispensables à la survie dans l'Arctique : l'abri pendant les heures de sommeil, et une alimentation apportant au moins 4 000 calories par jour.

L'ABRI

Le survivant dispose d'un **très bon isolant thermique : la neige**. Elle est, en plus, facile à travailler. Mais il ne sera pas question de construire un igloo. Bien qu'il soit le meilleur abri dont on puisse rêver, sa construction réclame beaucoup d'énergie physique, à moins d'être nombreux, suralimentés, décidés à ne plus bouger, à moins d'être esquimaux... **La température dans des trous de neige soigneusement recouverts dépasse couramment de 15 à 20 °C la température extérieure**. Si l'on dispose en plus de bougies de stéarine ou de cubes d'alcool solidifiés, on peut élever la température de 20 à 28 °C par rapport à celle de l'extérieur. L'amoncellement autour de la tente de briques de neige servant de coupe-vent diminuera considéra-

blement le refroidissement par convection.
Pour ceux qui se retrouveraient perdus malgré eux dans l'Arctique, nous soulignerons quelques principes simples :
– L'épaisseur de neige est souvent limitée à quelques dizaines de centimètres seulement (en moyenne 20 à 90), et on ne pourra donc pas creuser aussi profondément qu'on le voudrait.
– Sur un versant au vent, cette neige pourra être tassée, mais suffisamment meuble pour que l'on puisse encore y creuser une tranchée ou un trou d'homme (signalons au passage que certains couteaux de survie ont à la fois les qualités d'une scie et d'un couteau tout en ayant l'inertie d'une petite machette). La forme idéale sera celle d'un terrier, avec une chambre de dimensions suffisantes pour dormir, et un tunnel d'accès. L'entrée de ce tunnel devra être en contrebas de la « chambre », afin de réaliser un « piège à froid » où l'air non réchauffé et l'oxyde de carbone éventuel iront s'accumuler (cf. schémas page suivante).

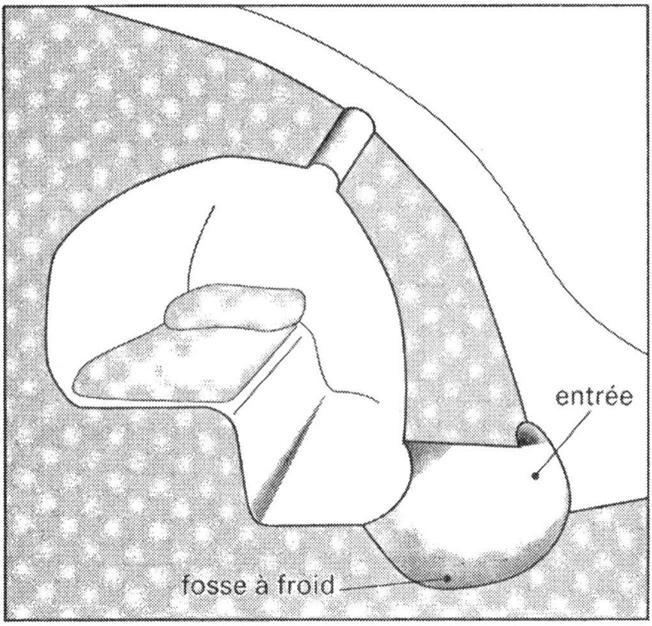
entrée
fosse à froid

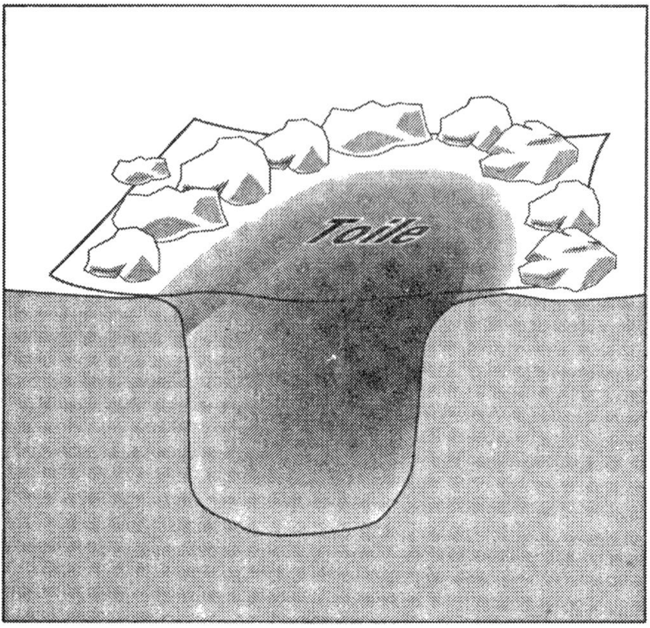
Toile

L'ALIMENTATION

Tous les spécialistes du monde polaire considèrent que **survivre par le seul moyen de la chasse est une utopie**, moins par la pauvreté de la faune locale que par l'extrême difficulté de l'approche et de la capture. Il n'en reste pas moins qu'un seul phoque peut permettre de survivre très longtemps **et qu'il ne faut pas faire l'impasse sur l'arme à feu**.

Contrairement à ce que l'on pourrait imaginer, la pêche dans les océans glaciaux est extrêmement productive. Les Esquimaux pêchent en hiver à partir de trous dans la banquise. Ces trous sont au départ de taille minuscule et permettent aux phoques de venir respirer discrètement à travers la glace. Il suffit de découvrir ces orifices et de les agrandir. Une ligne de gros diamètre est alors descendue dans les profondeurs sur plusieurs cinquantaines de mètres, avec des lignes secondaires étagées à différents niveaux, munies de gros hameçons noyés dans des boules de graisse de phoque ou d'entrailles diverses.

L'EAU

Les pertes d'eau sont très importantes sous ces latitudes à températures négatives. Les causes sont une déperdition importante au niveau respiratoire. Des causes annexes sont la sudation lors d'efforts physiques sous des vêtements très isolants et la difficulté qu'il y a à trouver de l'eau douce en abondance. Récupérer 4 à 5 litres d'eau par jour pour subvenir à ses besoins n'est pas une mince affaire. Les pôles sont en effet des régions très sèches, se comportant comme des déserts froids. Il n'y tombe que très peu d'eau : 14 cm par an seulement en Antarctique, pas plus qu'au Sahara. **L'air est donc très sec et il faut se forcer à boire abondamment aux latitudes polaires :**

– **La neige :** même compact, elle ne donne que 10 à 15 % de son volume en eau, ce qui implique de faire fondre un volume d'environ 10 litres de neige pour obtenir 1 litre d'eau. Sur la banquise, n'utiliser que de la neige de la couche supérieure dont la teneur en sel est négligeable. Pour économiser le combustible, on utilisera au maximum la chaleur corporelle dégagée pendant la journée. Pour cela, on s'entourera le corps de gourdes souples aux parois non isolantes (plastique).

– **La glace :** la glace de la banquise est de l'eau de mer et donc parfaitement inconsommable avant transformation. Celle-ci nécessite du temps et seule la glace vieillie sera consommable. Dans le champ de glace, c'est la partie supérieure des glaces très anciennes qui est presque entièrement douce. La glace vieillie est bleutée, brillante et émoussée par le temps. La glace jeune est vert foncé à la coupe, évoquant des morceaux de verre.

– **L'eau de fonte :** on la trouve en été à la surface des champs de glace, formant de multiples flaques disséminées partout, ou confluant en véritables lacs d'eau douce. L'eau y est à la fois propre et douce.

Quelques dangers propres aux pôles

LA MARCHE DANS L'ARCTIQUE

L'équipement vestimentaire

Il existe deux zones particulièrement vulnérables chez le marcheur polaire : les pieds et la tête. Pour protéger les pieds de la morsure du froid, il existe de nombreux matériaux nouveaux ou anciens, du foin ou du feutre ancestral jusqu'au Gore Tex moderne. Quelle que soit la qualité de la chaussure, il est une protection additionnelle toujours facile et utile de surajoute :
– À l'extérieur, une housse ou une toile qui vient entourer la chaussure, collectant l'humidité.
– À l'intérieur pour certains, un sac de plastique entre deux paires de chaussettes de laine.

De même que la tête assure une part très importante de la régulation thermique en pays chaud, elle peut représenter à l'inverse la moitié du refroidissement de l'organisme en pays froid. La capuche hermétique et double est donc indispensable dans ces atmosphères froides.

Les pièges du terrain

Les déplacements sont très périlleux car il est difficile d'apprécier la hauteur des obstacles à franchir ainsi que les distances.
– Il vaut mieux contourner les **obstacles** en cherchant un détour dans un rayon de 3 à

500 m plutôt que de tenter leur franchissement à tout prix.

– **Les zones d'eaux libres** sont souvent annoncées à distance par une couleur plus sombre des nuages bas. Elles sont également détectables par des brouillards d'évaporation. Ils sont d'une couleur brun foncé caractéristique évoquant des colonnes de fumée.

– **Les zones de fractures de la glace** peuvent être linéaires et étroites, faciles à franchir, ou au contraire irrégulières, instables et larges. Les moyens de franchissement vont du saut au passage en canot, ou au flottage sur un morceau de banquise.

Il est bon de savoir qu'un bras de mer peut se refermer rapidement sous l'effet de la glaciation. Selon son degré de salinité, sa mobilité, l'eau de mer gèle vers - 2 °C, - 3 °C. On considère que la glace n'est sûre qu'à partir de 10 cm d'épaisseur. Il faut alors attendre 2 jours à - 40 °C et 4 jours à - 20 °C avant de traverser Mais si cette glace cède sous le poids du marcheur, celui-ci doit s'allonger au plus vite afin de répartir son poids sur un maximum de surface, et s'accrocher à la glace au moyen d'un couteau. C'est le seul moyen de ne pas être complètement submergé. En cas d'immersion accidentelle, il faut absolument se déshabiller, quelles que soient les conditions et aussi insupportable que cela puisse paraître. On ne peut en effet continuer la marche avec des vêtements trempés. Tous les vêtements doivent être immédiatement et fermement essorés si on ne peut en changer. L'idéal est de monter immédiatement un abri dans lequel on évitera un refroidissement trop important.

Pour conclure, notons que **la tempête** en milieu polaire est particulièrement dangereuse, elle commande de s'arrêter.

LES ABERRATIONS VISUELLES

Surtout par temps de brouillard, la banquise prend une teinte uniformément blanche et il est très difficile de distinguer les obstacles et d'apprécier les distances (*white-out*). De plus, la réfraction est considérable, déformant complètement les objets. L'horizon apparent s'abaisse ou s'élève, des phénomènes de mirage apparaissent.

LES ANIMAUX DANS L'ARCTIQUE

Les ours blancs : pesant couramment 500 kg pour 3 m de haut, ils n'ont rien d'anodin et attaquent souvent les campements. Les ours blancs n'ont pas peur de l'homme qui ne représente pour eux ni proie ni danger, mais leur curiosité est telle qu'ils recherchent le contact et peuvent alors devenir dangereux. Ils ne laissent aucune chance à un homme sans arme. Mieux vaut donc prévoir leur présence et emporter une arme avec soi.

Les huskies : les célèbres chiens de traîneaux aux yeux bleus charmeurs sont en fait des animaux dangereux, et les Esquimaux entretiennent cette agressivité, meilleur garant de leur énergie, en leur donnant très peu à manger et en les élevant à la dure. Leurs relations avec l'homme sont donc très conflictuelles, et celui-ci doit faire preuve en permanence d'une autorité sans faille. L'apprentissage de la conduite des chiens de traîneaux ne se fait pas en un jour, mais uniquement au contact des animaux. Il existe un langage et une technique particulière du fouet pour mener à bien ces attelages.

L'orque ou épaulard : supérieurement intelligent, ce cétacé aux mâchoires impressionnantes se déplace souvent en bande et constitue pour les Esquimaux le danger animal le plus redouté. Il arrive souvent que ces monstres de 6 à 10 m tournent autour des frêles kayaks des indigènes.

SIGNALISATION ET REPÉRAGE

Vus d'avion, des hommes en perdition dans l'Antarctique sont extrêmement difficiles à voir en raison des ombres, des crevasses et des eaux libres. Seules des couleurs pourront attirer le regard, mais pas forcément celles que l'on croit. Le bleu marine, le vert et le rouge foncé ne seront pas perçus. En revanche, la couleur orange est bien repérée. Tous les autres moyens habituels sont valables : fusées, fumigènes, bâtons lumineux en se souvenant que l'on est très rarement repéré au premier passage.

LES MALADIES

La première est bien sûr l'hypothermie avec toutes ses conséquences et on se reportera pour plus de détails au chapitre sur le froid.

Lors d'un effort physique intense, il est recommandé d'enlever une partie des vêtements pour éviter une perte de sueur trop importante qui refroidira le corps, ce refroidissement étant d'autant plus rapide après l'arrêt de l'activité. Mais depuis quelques années, le problème a été en grande partie résolu avec l'apparition de fibres synthétiques spéciales ayant la propriété d'être imperméables tout en laissant échapper les molécules de sueur vers l'extérieur (Gore Tex).

Une autre maladie due aux spécificités météorologiques de l'Arctique est **l'ophtalmie des neiges**. Le pouvoir réfléchissant de la banquise est aussi élevé qu'en montagne, responsable de conjonctivites très fréquentes, même par ensoleillement modéré. Le seul traitement consiste en une soustraction totale à la lumière pendant un ou deux jours. La guérison est alors complète et sans séquelles. Le temps couvert ne constitue pas une sécurité, bien au contraire. La seule prévention est le port de lunettes type glacier.

L'intoxication par le foie d'animaux polaires : phoque, baleine, morse, requin et surtout ours blanc. Les symptômes sont des maux de tête importants, des nausées, des vomissements, des diarrhées, de la fièvre, des insomnies. Ces signes apparaissent quelques heures après la consommation de foie et disparaissent après un à trois jours. Un signe caractéristique permet un diagnostique rétrospectif : la peau se détache par plaques 3 à 4 jours après l'ingestion du foie. Cela est dû à la concentration exceptionnelle de vitamine A dans le foie des animaux polaires qui conduit à une intoxication pour l'homme.

Les parasitoses intestinales sont nombreuses atteignant 70 % des chiens et plus de 50 % des ours blancs. On trouve ainsi des parasites dans la viande de beaucoup d'animaux polaires : chiens, ours, veaux marins, phoques et poissons arctiques. Le traitement spécifique existe (Vermox, par exemple), mais l'homme en survie doit surtout se préoccuper de la prévention qui est simple dans ce cas : ne pas manger de viande crue.

LE DÉSERT

Géographie et conditions météo

Il existe de multiples formes géologiques d'étendues désertiques, plusieurs d'entre elles se succédant souvent dans le même désert. Il est indispensable de connaître la nature approximative du terrain, afin de déterminer l'itinéraire optimal et la nature du matériel à emporter.
70 % du **Sahara et du Kalahari** sont constitués d'immenses plateaux pierreux, dont les roches s'éboulent progressivement au bas des reliefs.
Les **takyrs** (que l'on trouve en Asie soviétique et dans la Péninsule arabique) sont de grandes étendues désolées, sans aucune végétation, constituées d'argile dure, fendue en plaques polygonales.
Le **serir** est un désert de sable plat, recouvert de pierres fines, offrant une uniformité visuelle angoissante.

Le désert se caractérise par des conditions météorologiques très particulières. **La température de l'air est élevée**, dépassant en été 25 °C à l'ombre, atteignant couramment 55 °C.
La transparence de l'air entraîne une très forte irradiation solaire diurne d'une part, une restitution thermique nocturne importante d'autre part.
On constate une extrême pauvreté des précipitations. Dans certaines régions de

Libye et de Nubie, la quantité annuelle d'eau de pluie est souvent nulle.

L'humidité diurne varie de 5 à 20 % dans la très grande majorité des déserts, pour atteindre 20 à 60 % la nuit.

Le vent est souvent considéré comme le grand maître du désert. Dans ces immenses étendues aux reliefs très peu accusés, les vents acquièrent vitesse et régularité, tant en fréquence qu'en direction. Ils sont en général secs et chauds, atteignant couramment 48 à 50 °C. Ces vents peuvent occasionner des brouillards, des tempêtes de sable, des « murs de sable », et le voyageur doit alors s'immobiliser et attendre. Ces phénomènes perturbent ou rendent impossible toute communication radio, et on évitera donc d'user vainement les batteries pendant la tempête.

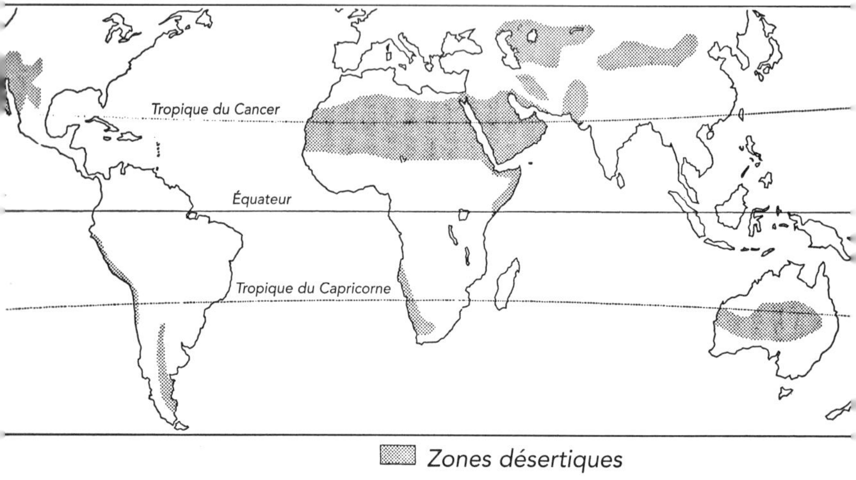

Phénomènes propres aux déserts

LES VENTS DE SABLE

Les tourbillons de sable sont des colonnes de sables qui se forment dans des zones surchauffées. Elles ne se forment que de jour, surtout l'après-midi et en saison chaude. Leur grand axe est vertical, leur sens de rotation quelconque, et leur diamètre varie de quelques mètres à quelques dizaines de mètres. Ces tourbillons ne représentent **aucun danger**. Par ailleurs, **ils ne sont pas annonciateurs de phénomènes plus dangereux.**

Les chasse-sable sont composés de sable soulevé par un vent violent, souvent à l'avant d'un front chaud. Il s'agit plus de « tempêtes de poussière » que de tempêtes de sable et **le phénomène au sol n'est pas dangereux**.

Les tempêtes de sable, phénomène météorologique dangereux, commandent impérativement de se mettre à l'abri. Le « mur de sable », masse brune et opaque avançant rapidement, s'accompagne de très fortes turbulences et de phénomènes électriques qui perturbent complètement les transmissions radio. Il est suivi d'une tempête sur 60 à 150 km de profondeur. Son passage est donc relativement court, et **il suffit en général d'attendre une à trois heures, dos au vent, le visage soigneusement protégé**.

Après un « chasse-sable » ou une tempête, l'atmosphère reste souvent encombrée de sable fin en suspension qui peut être entraîné très haut et très loin. C'est ce qu'on appelle **une brume de sable**. Celle-ci réduit la visibilité mais n'est **pas dangereuse.**

LES BRUITS

De nuit et par temps calme, le désert est encore plus silencieux que la haute montagne. **Cette chape de silence** qui participe à l'envoûtement du désert n'est pas constante. En dehors des tempêtes extrêmement bruyantes à résonances métalliques dues aux frottements des grains de sable, certains bruits peuvent surprendre le néophyte. Ainsi, dans les déserts pierreux (hammadas), on peut entendre de véritables détonations. Ce ne sont que l'éclatement de roches qui s'effondrent sous l'action des variations de température.
De même, tous les déserts de sable émettent des bruits. En effet, sous l'action des vents, la forme des dunes varie beaucoup, et en particulier leur inclinaison. Que le moindre ébranlement survienne et un petit morceau de crête s'effondre, entraînant de loin en loin une véritable avalanche superficielle, dont la friction engendre une sorte de grondement. **L'important pour l'homme isolé qui cherche le repos est de ne pas être stressé à la moindre alerte sonore.**

LES MIRAGES

Ce sont des **phénomènes d'aberration optique** dus à la surchauffe du sol aux alentours du zénith. La réfraction des rayons lumineux fait apparaître à l'horizon tout ce que l'homme perdu dans le désert a tellement envie de retrouver : des oasis, des lacs, des montagnes, des dunes flottant dans l'eau et même des villes. Ces mirages peuvent aussi survenir juste avant le lever du soleil par temps de brume de sable. Leur apparence est parfois tellement trompeuse que même certains voyageurs expérimentés changent leur itinéraire.

Trouver de l'eau dans le désert

Il n'existe que deux grandes sources : l'eau de condensation et l'eau souterraine. Il ne faut pas compter sur les pluies qui sont rarissimes.

L'EAU DE CONDENSATION

L'eau de rosée est l'une des sources possibles. L'écart thermique diurne-nocturne est très important, on l'a vu, et les variations de températures sont par ailleurs très rapides. Tous les objets auront donc tendance à être recouverts de rosée le matin, par condensation de l'humidité de l'air sur leurs masses froides : objets métalliques, mais aussi pierres, rochers et petites plantes. Les hommes du désert ont de tout temps mis à profit cette condensation, surtout dans les déserts pierreux.

L'entassement de grosses pierres débarrassées de leur poussière permettra le lendemain matin de récupérer une certaine quantité d'eau, d'autant plus abondante que la nuit aura été froide. L'idéal est d'entasser ces pierres dans un entonnoir creusé dans le sable et tapissé d'une feuille de plastique au fond duquel la rosée s'égouttera.

L'humidité du sous-sol est une source que l'on peut provoquer à partir d'un simple morceau de plastique transparent.
On met à profit pour cela la fraîcheur relative qui règne toujours à quelques dizaines de centimètres sous la surface surchauffée du sable et l'irradiation solaire qui fait évaporer le peu d'humidité contenue dans le sol. Cette humidité vient se condenser sur la partie inférieure de la toile plastique, tendue en entonnoir au-dessus d'un trou (cf. schéma). La quantité d'eau que l'on est en droit d'espérer d'un tel système est de l'ordre d'**un litre à un litre et demi par 24 heures.** On pourra améliorer ces performances en disposant à l'intérieur de la fosse des éléments végétaux, toujours riches en eau. Plus le terrain choisi sera foncé, plus il absorbera de chaleur et restituera de son eau.
Un tuyau souple permet d'aspirer l'eau contenue dans le récipient sans avoir à démonter l'installation. On peut également recueillir l'eau de rosée avec un tel système, sous réserve d'avoir perforé le fond de l'entonnoir.

L'EAU CONTENUE DANS LE SOL

Cette recherche est difficile, mais pas aussi désespérée qu'il n'y paraît de prime

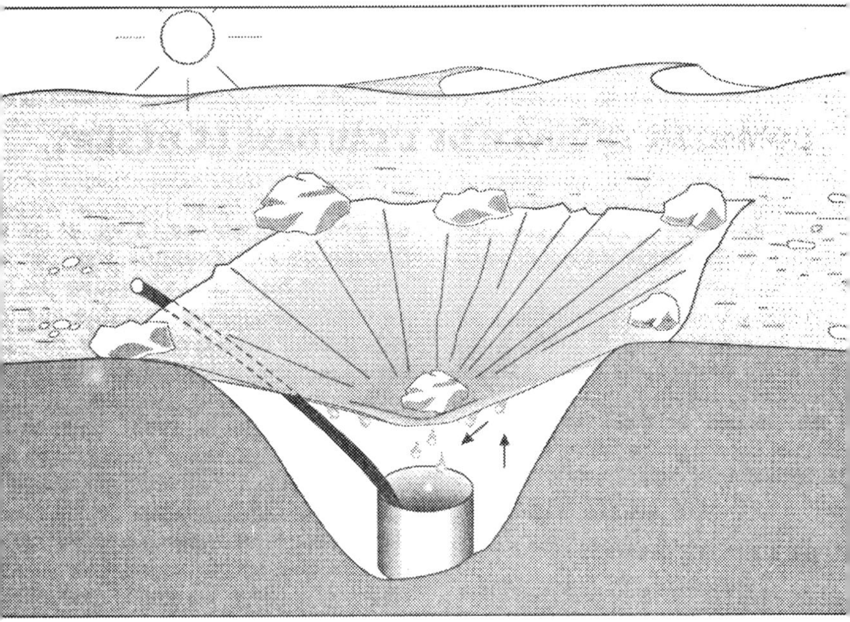

Condensateur solaire

abord. Les indices sont rares et c'est la configuration du relief qui doit être privilégiée pour orienter les investigations.

Même dans un **oued complètement sec,** il faut creuser dans la concavité des virages, zone où l'eau s'accumule préférentiellement. On observera à 1 ou 2 m de profondeur une couleur plus foncée du sable, signe d'imprégnation. Il faudra laisser sourdre l'eau qui va lentement remplir le fond du trou.

L'endroit où les nomades installent souvent leur tente est **le pied des dunes**, sous le vent, et sur la base caillouteuse. Il semble que les chances de rencontrer de l'eau soient d'autant plus grandes que les dunes sont hautes et les bases pierreuses plus basses. On choisira dans une région donnée le point le plus bas et on appliquera la même technique que précédemment.

Creusés par l'homme depuis des millénaires, **les puits** sont souvent soigneusement dissimulés et ce sont les traces d'animaux ou de pas qui les feront découvrir.

Beaucoup de déserts contiennent de l'eau en grande quantité à des profondeurs variables. Tout le problème est de l'atteindre. À proximité d'une côte, un simple trou creusé sous le niveau de la mer se remplit rapidement **d'eau saumâtre.** Même en plein désert continental, l'eau recueillie par l'un des moyens précédemment indiqués (oued desséché, pied de dune...) est souvent saumâtre en raison des nombreux sels contenus dans le sable. Cette eau ne peut être bue à l'état brut car elle contient trop de sels (4 à 5 grammes par litre), susceptibles d'aggraver la déshydratation et de provoquer des diarrhées. Un distillateur de fortune peut être installé pour dessaler l'eau saumâtre, à l'aide d'une feuille de plastique et d'un récipient quelconque. Dans les déserts extratropicaux en hiver, c'est le gel qui permettra d'éliminer la partie saumâtre. L'eau gelant en premier, il suffira d'éliminer la portion non gelée.

Nous ne citerons les **végétaux** qu'à seule fin de souligner le peu d'espoir que l'on peut en attendre. Toujours chétifs, ils ne sont que les indicateurs d'une humidité souterraine un peu plus élevée. La seule exception est localisée aux rares déserts où poussent des cactus (Amérique centrale surtout).

Diététique et alimentation

Nous supposerons dans cette partie que le problème des réserves d'eau est résolu, faute de quoi l'alimentation solide doit être partiellement ou totalement suspendue.
Il est préconisé de **diminuer la ration lipidique en pays chauds**, la valeur calorique des lipides ne faisant qu'augmenter gravement la production de chaleur endogène.
Les glucides tiennent une fois encore une place prépondérante, présentant, en outre, les avantages suivants :
– Ils jouent un rôle important dans la resynthèse des protéines.
– Ils font baisser la diurèse, ce qui est évidemment précieux. Par rapport à un régime protidique, le **régime glucidique divise par cinq la quantité d'urine émise en 24 heures**. La cause de cette différence est une moindre production de produits d'oxydation à éliminer dans l'urine.
– L'adaptation au climat chaud est plus rapide sous régime glucidique, sans doute pour le meilleur rendement musculaire obtenu.
Sur le plan vitaminique, des statistiques ont montré une baisse importante du taux d'acide

ascorbique sanguin, due à l'élimination de cette vitamine avec la sueur. Non seulement les vitamines hydrosolubles sont perdues par sudation (vitamine C, B1...), mais la chaleur perturbe en plus leur synthèse normale.
En conclusion, le régime doit prévoir des glucides, le minimum de protides et de lipides, de la vitamine C et des polyvitamines.

Nous rappelons encore la hiérarchie des préoccupations en zone chaude : l'approvisionnement en eau d'abord, la recherche de nourriture ensuite.

On rencontre dans le désert des gazelles, des gerboises, des lézards... Mais ces rencontres, très rares, étant limitées à l'aube et au crépuscule, il ne faut pas compter sur ces sources de nourriture animale, sauf si l'on dispose d'un fusil, ou surtout d'une carabine. Si on est près de terriers, on y installera des colliers.

Reste donc **la cueillette**. Là aussi, cette source sera réduite au strict minimum, sauf si on a la chance de trouver un palmier isolé. Signalons au passage que la datte renferme 70 % de glucides, 2,5 % de lipides et 2 % de protéines, l'alimentation idéale en zone chaude. Il sera toujours utile d'en emporter si on traverse une oasis (mais il ne faut pas oublier que les chances d'en rencontrer une sont bien minces : sur 8 000 km^2 couverts par le Sahara, les oasis n'en occupent que 350...). Quelle que soit sa nature, le palmier vous offrira son cœur et ses choux, c'est-à-dire les bourgeons terminaux récents.

Le baobab à l'énorme tronc contient de l'eau au niveau des racines et des fruits. **Les câpriers** sont appréciés en Afrique et en Asie pour leurs fruits et leurs boutons riches en glucides et en acide ascorbique. On pourra aussi évoquer **l'oseille sauvage** (*Rumex vesicarius*) répandue dans la plupart des déserts, **l'éléagne** (*eleagnus*), arbuste aux fruits ovoïdes sucrés, **la courge** du désert, **le mescal** (ou peyote), **les fèves d'acacia**, **les amandes sauvages.**

En Amérique centrale et du Nord existent 1 500 espèces différentes de **cactus.** Grâce à eux, la survie dans les déserts américains est nettement plus facile. Leur pulpe contient en effet jusqu'à 95 % d'eau et leurs fruits sont très comestibles, surtout après cuisson. Pour différencier les toxiques des comestibles, il existe un « truc » très simple : **tous les cactus dont la coupe fait sourdre une sève laiteuse ne sont pas comestibles**. Ce principe est applicable à tous les végétaux du désert, à l'exception du cactus baril.

On n'aura pas toujours la chance de trouver de tels végétaux et on devra se contenter des arbrisseaux et autres herbes rachitiques. Les végétaux sont adaptés au désert, avec des épines, des feuilles dures, et de longues racines ou tubercules allant chercher très loin la moindre trace d'humidité. Il faut donc dégager leurs tubercules ou racines qui peuvent contenir de l'eau, même lorsqu'ils paraissent morts.

Pour mieux survivre dans le désert

La plupart des préventions visent à diminuer la déshydratation.

Tout effort diurne doit être supprimé : c'est l'unique moyen d'éviter la production de chaleur endogène provenant de l'effort musculaire et la mise en branle de toutes les régulations thermiques. On réservera donc toutes les activités physiques pour la période nocturne, ce qui aura pour autre effet positif de soustraire l'organisme au rayonnement très intense du soleil.

Il faut impérativement éviter toute irradiation solaire, qui intervient pour 70 % dans l'apport de chaleur exogène. Un abri parasol (aile d'avion, toile claire...) est très efficace mais n'est pas idéal car il ne supprime pas le rayonnement restitué par le sol chaud, et il ne protège pas du rayonnement indirect dû au pouvoir de réflexion non négligeable du sable. L'abri idéal est un trou de 1 à 2 m de profondeur creusé dans le sol et recouvert d'une toile. Cette toile évitera l'irradiation solaire directe et devra être suffisamment haute pour permettre au vent d'aérer la surface supérieure du trou. Il est vital de savoir qu'à 30 ou 40 cm de profondeur, le sable est déjà nettement plus frais et souvent moins sec qu'en surface. À 1,5 m de profondeur, la température du sable se maintient toute l'année et à n'importe quel moment de la journée entre 10 et 17 °C (Bachkevitch, 1965). On ne craindra pas les serpents fouisseurs qui ont coutume de s'enterrer dans le sable, puisqu'ils sont inoffensifs.

À partir de 40 °C à l'ombre, il faut éviter l'exposition au vent et rester couvert. À cette température en effet, non seulement le vent ne rafraîchit plus l'organisme, mais il accroît l'apport de chaleur exogène par convection. Ce n'est pas sans raison que les « hommes du désert » ne vivent jamais torse nu. Les vêtements doivent être larges et bien ventilés afin que la chaleur ne s'accumule pas, tout en évitant dans ce cas très particulier l'évaporation de la sueur. Ils seront en outre le plus clair possible pour diminuer l'absorption du rayonnement solaire. En dehors de la traditionnelle djellaba, aucun vêtement ne semble parfaitement adapté à la vie dans le désert.

Une même quantité d'eau doit être bue en plusieurs prises et non en une seule fois : le fractionnement des prises, en atmosphère chaude, permet de consacrer 90 à 95 % de l'eau bue à la thermorégulation, c'est-à-dire la sudation. Dans le cas d'une prise unique, 25 à 50 % de l'eau ingérée sont éliminés en pure perte dans les urines. **Ces prises d'eau doivent être débutées sans attendre la sensation de soif** (cf. chapitre « La soif »).
On s'abstiendra de toute prise de sel et de toute alimentation si on ne dispose pas d'eau en quantité suffisante. Rappelons à ce sujet que c'est de soif que l'on meurt dans le désert, pas de faim.

Pour se déplacer de jour, il faut une circonstance exceptionnelle empêchant d'attendre la nuit suivante. On doit alors connaître le cap et la distance du lieu où l'on veut se rendre. La distance ne devra pas excéder 15 à 20 km, et devra être parcourue en 3 à 4 heures maximum. On ne s'encombrera que d'une réserve d'eau et du strict minimum. Des lunettes sont nécessaires, l'uvéite n'étant pas l'apanage exclusif des milieux enneigés. Si on n'a pas de lunettes, on se recouvrira les yeux d'un tissu où l'on aura ménagé des fentes afin de supprimer la réverbération. Si on ne dispose pas de chaussures spéciales, on évitera au sable et aux poux de sable de pénétrer en laçant une housse quelconque autour de la cheville. Il faut savoir que le sable qui se pose sur une peau humide de sueur se transforme en véritable abrasif à chaque pas. Pendant les arrêts, les pieds doivent être aérés, séchés et débarrassés du sable, en particulier au niveau des espaces interdigitaux plus fragiles. Afin d'économiser son énergie, **il faut marcher au pied des dunes**. C'est l'endroit où le sable est le plus ferme, remplacé parfois par un plateau caillouteux. L'orientation est rendue plus délicate, mais l'énergie potentiellement gagnée est très importante. Pour les mêmes raisons d'économie d'énergie, on s'astreindra à rester le plus longtemps possible au même niveau, sans monter ni descendre sans cesse au fil des dunes.

Les distances sont trompeuses dans le désert, et il faut **multiplier les estimations par deux ou par trois pour se rapprocher des distances**

réelles. En règle générale, rester auprès du véhicule ou de l'avion en panne : il constitue un repère visuel beaucoup plus facile pour les recherches et une source d'identification. Outre l'eau du radiateur que l'on aura bue, l'ombre protectrice dont on aura profité, toutes les parties démontables que l'on aura étalées au sommet d'une dune, on aura sous la main une source de fumée précieuse : toutes les parties plastifiées flambent en dégageant une abondante fumée noire, l'huile de vidange mélangée à l'essence fume également. Si on ne dispose plus d'essence, l'huile doit être utilisée à la façon de la cire de bougie en y trempant une mèche confectionnée à partir de garnitures de siège, de chiffons ou de carton.

Une observation récente et très peu connue est cependant déterminante pour la survie en zone très chaude. Elle se rapporte aux surfaces que l'on pourrait qualifier « d'isothermiques », grossièrement parallèles à la surface du sol, et de températures décroissantes à mesure que l'on s'éloigne de celui-ci.

– *Les couches isothermiques de la très basse atmosphère :*

plus on s'élève au-dessus du sol, plus la température diminue. Les conséquences en survie sont immédiates : en panne dans le désert, il suffit de s'allonger sur le toit de sa voiture pour être soumis à une température, certes encore caniculaire, mais beaucoup plus supportable par rapport à celle que l'on subit allongé au sol. Les Touaregs et les Bédouins en ont sans doute la notion diffuse, vivant sur le dos de leurs chameaux à longueur de migrations.

– *Les strates isothermiques du sous-sol superficiel :*
plus on s'enterre dans le sous-sol, plus la température baisse. La diminution, encore plus importante que dans le milieu aérien, commande de s'enterrer dès que l'on est immobilisé dans le désert, et que l'on ne dispose d'aucun moyen pour se percher au-dessus du sol.

LA JUNGLE

Géographie et conditions météo

La jungle ceinture le globe de part et d'autre de l'équateur sur d'immenses superficies (cf. carte).
Elle subit **toutes les particularités climatiques de la zone intertropicale** : températures moyennes de 24 à 29 °C toute l'année. **La radiation solaire est deux fois plus importante qu'en zone tempérée,** mais elle ne concerne que la strate supérieure de la forêt qui s'élève à 50 m au-dessus du sol, celui-ci ne recevant que 10 % du rayonnement.

L'humidité relative est très élevée et l'air très souvent saturé d'eau (80 à 95 %). **Les précipitations sont très fortes.** Il existe de manière générale deux saisons des pluies correspondant aux équinoxes. En dehors de ces périodes de quelques semaines où se déversent des torrents d'eau, le temps peut être très ensoleillé. L'humidité ne varie pas pour autant. En dépit d'une température moins élevée que dans le désert (30 °C au maximum), les conditions sont pires pour l'organisme humain car la régulation thermique est souvent rendue impossible par une humidité relative proche de 100 %. La sueur ne peut donc s'évaporer.
Les brouillards sont très fréquents, achevant de rendre fantastique un paysage de folie végétale où s'entremêlent des lianes attei-

gnant parfois 200 m de long et 20 cm de diamètre, des mousses et des fougères dont on ne sait si elles sortent de terre ou si elles dégringolent des arbres. Ce monde végétal est toujours vert, il n'y a ni printemps, ni automne.

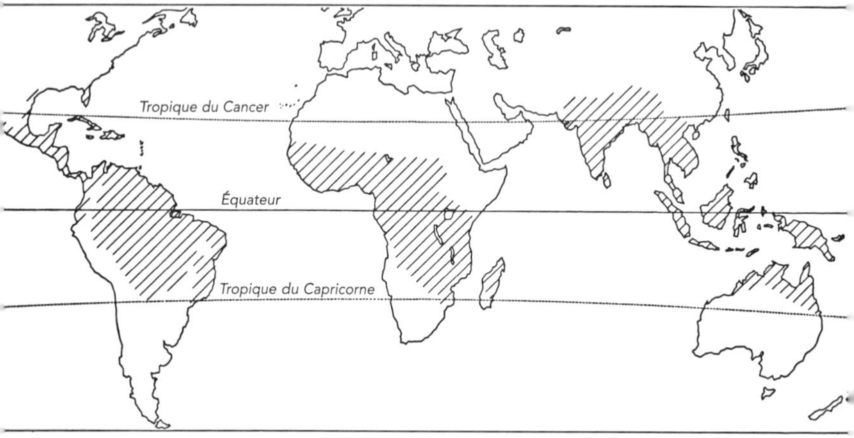

Régions chaudes et pluvieuses propices à la jungle.

Ce qui nous intéresse plus précisément dans le cadre d'une traversée de forêt tropicale est l'existence de deux catégories de jungle :

– **La forêt tropicale primaire ou forêt vierge**, non remaniée par l'homme, très étagée (se succèdent de vieux arbres géants atteignant 60 m, palmiers de toutes espèces mesurant 10 à 20 m, bambous, fougères, herbes géantes...), mais praticable cependant en contournant les innombrables lianes épiphytes et arbustes.

– **La forêt tropicale secondaire**, remaniée par des éruptions volcaniques ou l'intervention de l'homme (incendies, coupes, etc.). Cette forêt est moins étagée que la forêt vierge, avec des arbres géants dispersés, dominant des strates inférieures d'arbres et de broussailles très chaotiques rendant la pénétration très difficile. On trouve ces forêts secondaires surtout en Amérique centrale et du Sud, en Afrique centrale et dans certaines parties du Sud-Est asiatique. L'enracinement des arbres y est superficiel, et la chute d'un grand solitaire entraîne souvent celle d'autres arbres des strates inférieures, achevant de rendre le voisinage du sol inextricable.

Diététique et alimentation

L'EAU

L'alimentation en eau dans la jungle ne doit pas être un problème en raison des fortes précipitations, et surtout des multiples formes de rétention d'eau que l'on trouve dans ces forêts. L'eau s'évapore très peu dans cette atmosphère saturée. Le seul inconvénient de ces réserves à ciel ouvert est **une pollution éventuelle par des microbes ou des parasites**. L'idéal sera de ne boire que dans une gourde approvisionnée à partir d'eau courante, gourde dans laquelle on aura ajouté systématiquement un comprimé de permanganate par litre, en le laissant agir au moins trente secondes. **On se méfiera des eaux stagnantes**, toujours parasitées. Par ailleurs, les pistes d'animaux conduisent souvent à des points d'eau.

En dehors de toutes ces sources d'eau accessibles à l'œil, il en existe d'autres très précieuses : les sources végétales. L'avantage des plantes dites aquifères est de ne pas être parasitées :

– **L'arbre du voyageur :** très cosmopolite dans toute la zone tropicale, on le trouve aussi dans la jungle. Ses pédoncules contiennent chacun un demi-litre d'eau environ.

– On détectera les **bambous** contenant de l'eau à leur forte inclinaison par rapport au sol (environ 45 °) et à leur couleur vert jaunâtre. Ils poussent dans des endroits humides, et on entend l'eau clapoter à l'intérieur quand on secoue les troncs. Cette eau ne nécessite aucun traitement et reste toujours à une température de 10 à 12 °C. Il suffit de couper au-dessus et au-dessous de deux nœuds successifs pour obtenir une véritable bouteille conservant son précieux liquide à température idéale.

– **La maloukba**, arbre aquifère de grande taille, est présente dans toutes les jungles du Sud-Est asiatique jusqu'en Nouvelle-Guinée. Il suffit de pratiquer deux entailles en forme de V, relativement profondes, pour recueillir jusqu'à 100 à 150 litres d'eau selon la taille de l'arbre. Une feuille de bananier ou une écorce pourra servir de gouttière. Il faudra être patient et attendre le coucher du soleil, car l'eau ne s'écoule que la nuit.

– Bien connu en Birmanie, **le roseau « sauveur de vie »** est une plante aux dimensions beaucoup plus modestes, dont la tige renferme environ un verre d'eau pour 2 m. Cette eau est limpide et de goût légèrement acidulé.

– Il existe une quantité extraordinaire de **lianes**. La plupart d'entre elles contiennent dans leur concavité inférieure, près du sol, de quoi désaltérer un marcheur pour plusieurs heures. Il est très difficile de les différencier et on ne boira que lorsque le liquide est limpide et non amer.

En conclusion, **la survie en jungle n'est pas limitée par l'approvisionnement en eau sous réserve de s'abstenir de consommer des eaux stagnantes ou des sèves végétales non colorées, troubles ou amères**.

LA NOURRITURE

Il ne faudra pas être déçu si on ne rencontre aucun des **animaux qui peuplent la jungle.** Il est effectivement très rare d'apercevoir éléphants, hippopotames, singes, crocodiles et félins. Les raisons en sont évidentes : déplacements peu rapides, visibilité réduite par une végétation très dense. On aura beaucoup plus de chances de rencontrer des reptiles, en particulier des serpents et surtout des insectes et des larves qui sont très comestibles une fois cuits (on les trouve dans des souches pourries). En fait, **la chasse dans la jungle est beaucoup plus difficile qu'on serait tenté de le croire**.

En ce qui concerne la pêche, une technique aussi originale que répandue consiste à tuer les poissons au moyen de poisons végétaux à base de **roténone.** De nombreuses tribus utilisent cette substance qu'elles extraient

de certaines lianes (*Paulinia pinnata, Lonchocarpus, Magonia pubescens*) en Amérique de Sud , certaines racines (racines du kro au Viêtnam et au Sri Lanka), certains fruits comme ceux de la barringtonia, petit arbre vert sombre aux fleurs roses, poussant au bord des fleuves. Même sans les connaître, on peut détecter ces plantes par l'odeur désagréable et suffocante qui se dégage quand on en écrase les feuilles. La façon de les employer est simple : on écrase les pousses, les feuilles et les racines avec une pierre, et on en jette quelques kilos dans l'eau (il faut environ 5 kg de plantes pour des eaux stagnantes, et 15 à 20 kg sur des cours d'eau). Après environ un quart d'heure, les premiers poissons morts remontent à la surface. Cette substance très efficace est inoffensive pour l'homme et certaines trousses de survie contiennent des comprimés de roténone concentrée.
Signalons au passage que si on dispose de tels comprimés, on serait inexcusable d'avoir négligé les bonnes vieilles méthodes et oublié d'amener une panoplie d'hameçons montés !

Il est impossible d'être exhaustif quant aux espèces de **plantes** consommables tant elles sont nombreuses, constituant une source très importante d'alimentation en jungle. **On les trouvera préférentiellement le long des cours d'eau, des marais, et dans les lieux découverts**.

Le cocotier est très répandu. Chacune de ses noix contient un quart de litre d'eau de coco,

toujours fraîche. La pulpe blanche est très riche en lipides (44 %). Pour atteindre ces noix haut perchées, on grimpe à l'aide d'une ceinture entourant le tronc et servant de point d'appui pour les pieds.
L'arbre à pain est également une source alimentaire très riche. Ses fruits se mangent aussi bien crus que cuits.
Le manguier, le bananier, le goyavier, le cajou sont biens connus.

L'igname est une liane que l'on trouve dans toutes les jungles. Il en existe 700 espèces dont les énormes tubercules sont très appréciés des habitants des tropiques. Ils doivent être cuits car ils sont vénéneux à l'état cru. Les indigènes les découpent en petits morceaux, les font dégorger dans l'eau pendant deux à trois jours, et les emportent dans leurs incursions en forêt. Ils creusent un trou où ils entassent des pierres au-dessus desquelles ils allument un feu. Quand les pierres sont chaudes, ils y déposent les morceaux d'igname entourés de feuilles de bananier, palmiers, etc. Après une demi-heure, les tubercules au goût de pomme de terre peuvent être mangés.

Cette liste reste très incomplète et ne répertorie que les plantes les plus utilisées. Ce qui est essentiel, c'est d'**être capable de détecter les végétaux non comestibles** :
– **L'observation des habitudes alimentaires des autres mammifères** est une première orientation. Ce principe ne s'applique pas aux oiseaux, dont la physiologie est totalement différente de la nôtre.

– **Toute plante suspecte doit être testée** en la goûtant : si la saveur est amère ou désagréable, on n'insistera pas et on se rincera la bouche. Un goût acide ou amer est toujours mauvais signe.
– **Toute plante à la sève laiteuse doit être rejetée** et tout contact entre l'épiderme et cette sève doit être évité. Il existe quatre exceptions dignes d'être retenues : **le cactus baril, l'arbre à pain, la papaye et la figue sauvage**.
– **Ne consommer que des baies dont on est sûr qu'elles sont comestibles**. Plus spécifiquement, on évitera toutes les herbes et céréales dont les grains sont parasités par l'ergot, c'est-à-dire une petite formation oblongue et noire due à un champignon vénéneux. Si on dispose de temps, il est recommandé de les laisser dégorger dans l'eau un à trois jours, puis de les faire cuire avant d'en goûter une petite quantité. Si rien ne s'est passé après douze heures, le danger est minime. On éliminera d'office toutes les racines ressemblant à des bulbes d'oignons et de lis. Pour les fruits, il est prudent de les faire bouillir et de procéder de la même façon avant d'en manger en quantité importante. Les fruits juteux ou pulpeux de grandes dimensions sont en général sans danger lorsque leur goût est agréable. Il faut cependant **éviter de manger les racines, les graines et les pépins qui ont un pouvoir de concentration toxique**.

La marche en jungle

Les déplacements en jungle sont souvent extrêmement difficiles, et d'autant plus pénibles que l'atmosphère chaude et humide ne se prête pas aux efforts physiques. Il faut contourner des marécages, escalader des troncs, se dégager des mousses, éviter de glisser sur un sol toujours détrempé, couper des lianes et des herbes. On peut cheminer dans la forêt primaire, mais **aucune avance n'est possible dans la forêt secondaire sans machette**. Si on suit une piste, quelques pas de côté peuvent suffire pour se perdre. Si on trace soi-même un passage, il n'est pas rare de ne progresser que de 2 ou 3 km dans la journée. **Sans boussole, il est très difficile de s'orienter** car le soleil est caché par la couverture végétale, et de nuit, les étoiles ne sont pas identifiables.
Il est souhaitable de s'arrêter environ dix minutes toutes les heures, pour se reposer, faire le point, enlever les sangsues, réapprovisionner les gourdes. À chaque bivouac, il faut faire sécher au maximum les chaussettes et chaussures, ce qui évitera engelures, mycoses et surinfections des petites plaies.

Il n'y a pas de jungle sans rivières ou fleuves, et l'idéal est de pouvoir les suivre. Le déplacement sur les cours d'eau a de nombreux avantages : vitesse de cheminement beaucoup plus rapide, orientation facile grâce à l'observation des astres, chances plus importantes de rencontrer des indigènes, unique possibilité d'être repéré.

Si on doit se confectionner une embarcation, le radeau de bambous reste le moyen idéal. **Dix bambous de 5 m de longueur suffisent à supporter deux personnes**. On les solidarisera entre deux autres paires de bambous eux-mêmes fixés par des lianes ou des cordes. On confectionnera également des perches de plusieurs mètres afin de pousser sur le fond, d'écarter des obstacles ou de se retenir à des racines (on aura ménagé, à cet effet, une encoche dans l'une des perches). Le choix et la préparation des bambous sont importants. On éliminera tous les bambous perforés et grisâtres. Les trous sont la preuve de la présence d'insectes, souvent de dangereux hyménoptères. Avant de travailler les tiges, on les débarrassera des poils irritants, siégeant sous les feuilles au niveau des joints. **On préparera le bivouac nocturne une heure avant la nuit qui tombe rapidement, toujours entre 17 et 18 heures**. On choisira un endroit surélevé, aussi sec que possible, à l'écart des eaux stagnantes et de leurs insectes, ailleurs que sous les arbres ou lianes pourris. L'idéal est un hamac qui vous sépare des animaux et des insectes rampants, recouvert d'un voile moustiquaire. Un répulsif cutané est très utile, ainsi que l'usage de serpentins antimoustiques à l'intérieur de l'abri.

L'entretien d'un feu de bois est souhaitable afin de sécher les vêtements, éloigner les moustiques, les moucherons et les fauves éventuels. Démarrer un feu de bois dans un milieu aussi humide peut sembler difficile. Mais le bord des cours d'eau est souvent recouvert sur les grèves de morceaux de bois secs. Par ailleurs, une grosse branche très humide en apparence recèle toujours une partie centrale beaucoup plus sèche. Enfin, les fibres de la base des feuilles de palmier constituent un très bon allume-feu, ainsi que l'intérieur des termitières sèches que vous pourriez rencontrer.

Phénomènes ou dangers particuliers

LE DANGER ANIMAL

En dehors du lion, du tigre et du jaguar qui sont dangereux s'ils sont surpris ou blessés, le buffle est réellement dangereux, et se révèle totalement imprévisible. Les crocodiles et les alligators ne se trouvent que dans et à proximité des grands cours d'eau et ils s'attaquent rarement à l'homme. On les effraie assez facilement en faisant de grands bruits ou en battant l'eau. Je ne vous souhaite pas d'être amené à essayer la recette des indigènes qui consiste, lorsqu'on est attaqué, à extirper les yeux de l'animal avec les pouces... Je l'ai dit, les rencontres sont très improbables et le véritable danger animal dans la jungle vient des petits et infiniment petits : serpents, insectes, sangsues, parasites, bactéries.

Les insectes : très nombreux, les insectes « suceurs » rendent souvent infernale à eux seuls la vie dans la jungle. L'humidité et la chaleur sont les conditions idéales pour leur foisonnement. On distingue les anophèles et les aedès, moustiques transmettant paludisme, fièvre jaune et filariose, les phlébotomes et les glossines, mouches transmettant respectivement la leishmaniose et la trypanosomiase (ou maladie du sommeil africaine). **L'important sera de se prémunir au maximum**. Rassurons le lecteur, la Nivaquine évitera le paludisme et la vaccination la fièvre jaune. Pour les autres maladies et l'inconfort immédiat de démangeaisons parfois intolérables, il faudra suivre les conseils déjà donnés concernant les bivouacs. Si on se retrouve en pleine jungle infestée de moustiques et autres mouches sans aucune protection chimique ou vestimentaire, la boue en couche épaisse constitue une protection peu ragoûtante mais efficace une fois séchée. **Les répulsifs liquides sont intéressants** surtout la nuit, car pendant la journée, ils sont vite drainés par la sueur. Aux Philippines, les indigènes écartent les mouches et les punaises en glissant dans leur lit les fruits de l'arbre à pain. En Nouvelle-Guinée, ils font fuir les fourmis en déposant sur les fourmilières des quartiers de citrons moisis. Les fourmis sont redoutables par leur nombre et parfois par leur taille, occasionnant de multiples microblessures insupportables.

Il est à noter que **l'activité des insectes augmente considérablement au crépuscule, pour durer toute la nuit.** Il faut savoir que les moustiques se dirigent vers les sources de gaz carbonique, et sauront trouver votre visage, même enfoui dans un sac de couchage... Vous devez donc prévoir un maximum de moyens : **répulsifs liquides, en bombes ou en crème, « tubes à ultrasons », serpentins insecticides** (surtout pour les abris fermés et à proximité du visage), moustiquaires à mailles très fines, fumée de feu de camp.

Les parasites aquatiques : de nombreuses maladies tropicales s'attrapent au cours de séjours dans l'eau : bilharzioses, ankylostomiases, anguilluloses. Ces parasites, aux formes larvaires aquatiques, sont invalidants mais non mortels. Ils traversent la peau (de la jambe souvent), gagnant ensuite la circulation sanguine. Il faut donc éviter les bains dans des eaux stagnantes et choisir des cours d'eau rapides. Il est préférable de porter des chaussures assez hautes et des pantalons amples suffisamment résistants. Enfin, mieux vaut boire de l'eau bouillie le plus souvent possible et faire griller les aliments (on évitera ainsi l'amibiase, la trichinose, etc.).

Les sangsues : elles sont un véritable fléau et elles ont la capacité de s'insinuer partout, même au travers de bas de pantalons élastiques. Certaines sont si fines avant de se gonfler de sang qu'elles pénètrent par les œillets des chaussures. À la saison des pluies, elles se cachent partout, sur le sol bien sûr, mais aussi sur les feuilles et les branches d'où elles se laissent tomber, pénétrant facilement sous la chemise par le col. Leur morsure est indolore (probablement en raison d'un anesthésique qu'elles sécrètent) et il faut donc les rechercher systématiquement. On peut se retrouver, si l'on n'y prend garde, avec plusieurs dizaines de sangsues gonflées comme des outres au bout de quelques heures. Il n'est pas question, comme nous l'avons vu faire, de s'arrêter toutes les cinq minutes pour enlever ces hôtes un peu répugnants. Il faut s'astreindre à les ignorer pendant une heure de marche, au bout de laquelle on se débarrasse calmement de chaque sangsue. **Il ne faut pas les arracher**, les appendices buccaux restant alors dans la peau et provoquant souvent une infection. Plusieurs moyens efficaces existen :

– **Brûler le corps avec une cigarette** (que l'on aura allumée seulement pour la circonstance, bien sûr...).
– **Les frotter avec du sel.**
– **Les badigeonner avec de la teinture d'iode ou du jus de tabac.**

Préventivement, il existe des répulsifs liquides contre les sangsues, mais nous n'en connaissons pas l'efficacité réelle. En revanche, le jus de tabac est relativement performant. Il faut ensuite badigeonner les plaies d'un antiseptique quelconque : teinture d'iode, alcool, etc. Ces plaies saignent parfois pendant vingt minutes car la sangsue libère un anticoagulant.

On ne pourra pas y échapper, car les sangsues sont attirées par les vibrations des pas et elles se déplacent très rapidement, sautant littéralement sur les chaussures et disparaissant sous les vêtements en quelques secondes. Ce n'est pas très grave, en fait, si on prend les mesures précédemment décrites.

Animaux divers : il faut se méfier de certaines grosses chenilles urticantes, poilues, souvent multicolores (noire, rose et jaune) dont l'aspect chatoyant ne doit pas attirer la main car elles provoquent des réactions allergiques de contact avec douleur importante.
Il en est de même de certaines grenouilles minuscules, d'environ 1 cm, redoutables par le poison que recèlent leurs téguments (dendrobate).

Les piranhas sont de petits poissons que l'on ne trouve que dans les eaux douces d'Amérique du Sud. Leur mâchoire proéminente présente des dents tranchantes comme des lames de rasoir. Vivant en bancs de plusieurs dizaines à plusieurs centaines, ils constituent un danger redoutable en présence de sang. Cette odeur les rend fous et le mammifère blessé est alors transformé en squelette en l'espace de quelques minutes. Des hommes ont subi un tel sort et des expériences menées avec des bovidés ont confirmé scientifiquement des faits qui n'appartiennent pas seulement à la légende.

LE DANGER VÉGÉTAL

Nous ne reviendrons pas sur les dangers potentiels de la consommation de végétaux tropicaux, mais sur le caractère vénéneux de certaines plantes ou arbres dont les sécrétions peuvent être toxiques par simple contact avec la peau ou, a fortiori, engendrer une blessure même minime.

On trouve **le gouao** en Amérique centrale et du Sud ainsi que dans les Caraïbes. Le suc blanc que contient cette plante peut être entraîné par des gouttes de rosée ou de pluie, et tomber sur la peau de l'homme stationnant en dessous. La peau se couvre alors de vésicules érythémateuses s'entourant rapidement d'œdème confluent, s'accompagnant de démangeaisons intolérables, de maux de tête et de vertiges. Les troubles peuvent durer une quinzaine de jours et s'amender définitivement sans séquelles.

Le mancenillier appartient à la même famille et son latex[9] est également très vénéneux. Reconnaissable par son fruit à l'aspect d'une pomme, il est très répandu dans la même zone américaine tropicale et caraïbe où il est aussi appelé « arbre de poison » ou « arbre de mort ». Mieux vaut s'abstenir de bivouaquer sous cet arbre apparemment anodin, particulièrement s'il pleut. Le simple fait de toucher le tronc humide provoque des maux de tête, des coliques, et même un œdème buccal allergique.

La plante han est une grande ortie que l'on trouve, cette fois, dans le Sud-Est asiatique et qui provoque des brûlures douloureuses analogues.

Le sumac vénéneux (ou toxicodendron) est un arbuste à l'écorce résineuse, qui laisse

---

[9] *Le latex est l'émulsion riche en amidon, alcaloïdes et hydrocarbures, sécrétée par certains végétaux.*

échapper une sève noire quand on l'entaille. Le suc vénéneux est sécrété à l'envers des feuilles et reste actif plusieurs jours. Un véhicule passant à travers des buissons de sumac vénéneux sera enduit de ce suc collant, et même plusieurs jours après, son conducteur éprouvera de vives démangeaisons en changeant une roue en même temps que sa peau se couvrira de cloques.

La meilleure prévention contre ces végétaux est de **rester couvert avec des manches longues fermées et un chapeau à larges bords.** Le conseil est valable également contre les insectes, les sangsues et les égratignures par des herbes coupantes ou des feuilles épineuses.

LE DANGER D'INFECTION

Outre les mycoses dues à la prolifération de champignons microscopiques au niveau des pieds humides, de véritables furoncles ou anthrax peuvent se développer, en quelques heures ou jours, à la suite de la moindre plaie ou égratignure. Cette prolifération bactérienne double tous les 10 °C au-dessus d'une température normale de 15 °C. Une simple désinfection régulière des égratignures et des plaies superficielles causées par les végétaux, les tiques ou les sangsues suffit dans la majorité des cas à prévenir l'infection. En cas de plaie importante, il n'est pas conseillé de laisser faire les asticots comme certaines peuplades s'y emploient ! Ils peuvent certes enrayer une infection en « nettoyant la plaie » de ses parties mortes, mais il vaut mieux avoir appris à débrider, désinfecter, recoudre une plaie, et y poser un drain. On peut s'entraîner sur un morceau de steak frais et demander à n'importe quel médecin de vous enseigner les principes élémentaires pour recoudre un muscle avec du « catgut » (fil qui se résorbe) et les téguments avec du crin ou de la soie.

Le stress psychique propre à la jungle

Beaucoup d'individus brutalement confrontés au milieu de la forêt humide sont littéralement inhibés par un environnement cauchemardesque. Ils se sentent d'emblée impuissants pour survivre à un tel retour aux premiers âges, anxieux du moindre bruit, paralysés par l'aspect inextricable du paysage, l'inquiétante pénombre, la chaleur d'étuve, l'absence totale de brise, la présence diffuse et hostile de toutes sortes d'animaux. Cette limitation forcée de tous les périmètres sensoriels provoque des réactions de claustrophobie, des actes irrationnels, des décisions irréfléchies. Ce climat psychique est d'autant plus remarquable que la jungle est, en fait, un milieu extrêmement propice à la survie. On y trouve de l'eau, de la nourriture, des matériaux bruts...
Si l'individu parvient à passer le cap des premiers jours, il pourra et devra survivre indéfiniment. S'il acquiert un minimum d'expérience ou de connaissances livresques, ses frayeurs

disparaîtront à mesure qu'il saura le pourquoi des choses. Il aura appris que l'impression de suffocation est due en partie à la plus grande concentration de gaz carbonique qui règne au niveau du sol dans la jungle : 0,4 % au lieu de 0,04 %, différence due tout simplement à la putréfaction de l'épais tapis de feuilles et autres débris végétaux. Il en déduira qu'**il vaut mieux dormir sur un surplomb ou tout simplement dans un hamac suffisamment haut**. Il saura que le fond sonore propre à la jungle est dû aux oiseaux, aux singes, aux insectes, aux arbres qui s'écroulent, aux ruisseaux sous les mousses, rien de dangereux finalement. Il retrouvera son vieil instinct d'animal tropical.

CONCLUSION

La survie dépend donc de nombreux facteurs. Tout d'abord de très bonnes aptitudes physiques que l'on aura su développer grâce un entraînement régulier ainsi qu'une bonne hygiène de vie : bonne constitution entretenue par le sport, bonnes habitudes alimentaires. Ensuite, c'est la personnalité qui déterminera la réussite de la survie il faudra être actif, volontaire, agressif, calme, autoritaire, courageux, motivé, observateur, optimiste et extraverti, etc. Tant de qualités indispensables à la survie dans la nature. C'est ensuite à force d'expériences que l'on parvient à s'adapter à tous les types de milieux et de situations, même extrêmes. Cette expérience s'acquiert au cours de voyages à travers le monde, voyages de plus en plus aventureux. Enfin, deux aptitudes achèvent le portrait du parfait « survivant » : les facultés intellectuelles, c'est-à-dire un esprit inventif, pragmatique, imaginatif et rationnel à la fois, ainsi qu'une culture pratique importante de physiologie, de secourisme, de météorologie, de navigation, de zoologie, de botanique, de psychologie...

Toutes ces aptitudes, indispensables en situations extrêmes, s'appliquent également à la vie quotidienne. En effet, la vie en société, la vie urbaine en particulier, ne serait-elle pas un milieu hostile parmi d'autres, bien plus banalisé, un milieu si inhospitalier que de plus en plus d'aventuriers lui préfèrent les grands espaces des premiers âges ? Le stress omniprésent nous rapproche chaque jour de l'homme isolé en milieu hostile. Ce stress que l'on peut domestiquer quelle que soit la nature de l'agression. La survie ne serait-t-elle pas aussi la vie de tous les jours et ce qu'elle implique de pugnacité, d'énergie et de lucidité...

REMERCIEMENTS

Nous remercions toute l'équipe de TF1 Licences et particulièrement Clotilde Gaudelus pour leur précieuse collaboration.
Nous remercions également Manuela Loué et Grâce Maroun pour leur aide efficace.

L'impression et le brochage de cet ouvrage ont été effectués
sur presse Cameron dans les ateliers
de ***Bussière Camedan Imprimeries***
à Saint-Amand-Montrond (Cher),
pour le compte des Éditions Albin Michel.

Achevé d'imprimer en mai 2003.
N° d'édition : 21514. N° d'impression : 032416/4.
Dépôt légal : juin 2003.
Imprimé en France